KŰRBIS

Rosemary Moon

KÜRBIS

Kochen · Backen · Einmachen

südwest

Der Text dieses Buches entspricht den Regeln der neuen deutschen Rechtschreibung.

ISBN 3-517-06740-7

Originaltitel: The American Harvest Cookbook

Fotos: Ferguson Hill
Food Stylist: Kathryn Hawkins
Layout: Rita Wüthrich
Übersetzung: Inge Uffelmann
Redaktion: Königsdorfer Medienhaus, René Zey
Herstellung: Elke Cramer
Umschlaggestaltung: Horst Rothe, Niedernhausen

Satz: Königsdorfer Medienhaus, René Zey
Druck: Officine Grafiche De Agostini, Novara, Italien

113430203X 817 2635 4453 6271

Inhalt

Einleitung

Obwohl Kürbisse bereits vor 5000 Jahren in Peru kultiviert wurden, stammt die Kürbispflanze ursprünglich aus Afrika. Die harten Schalen der Flaschenkürbisse (Kalebassen) dienen dort noch heute als Schüsseln und Behälter oder als Resonanzkörper für Musikinstrumente und Rasseln.

Andere Arten sind schon dem Namen nach Zierkürbisse und dienen meist als Sichtschutz für Lauben und Spaliere. In der Regel handelt es sich dabei um kleine Früchte mit warziger oder glatter Haut, die intensiv in der Farbe und oft auch gestreift sind.

Wie der Kürbis jedoch seinen Weg in die Neue Welt nahm, ist bis heute ein ungelöstes Rätsel. Man nimmt an, dass Menschen, die sich in grauer Vorzeit mit Booten oder Schiffen auf die ungewisse Fahrt über die Weltmeere begaben, sie als Proviant mitgenommen haben.

Möglicherweise kamen die Pflanzen aber auch durch ihre widerstandsfähigen Samen zufällig auf dem Seeweg in andere Kontinente.

Sicher ist hingegen, dass die Spanier, als sie im späten 15. Jahrhundert Amerika entdeckten, dort auf eine Reihe von Pflanzen stießen, die ihnen unbekannt war. Tomaten waren darunter, aber auch Kartoffeln, Tabak, Kakao – und eben Kürbisse.

Oben: ***Der große Kürbis mit seiner oft orangefarbenen Schale ist allgemein bekannt und zum Herstellen von Laternen sehr beliebt.***

Rechts: ***Das Bild zeigt eine kleinen Teil aus der großen Vielfalt der auf der Erde angebauten unterschiedlichsten Kürbisarten.***

Sommer- und Winterkürbisse

In der Küche unterscheidet man grob zwischen Sommerkürbissen, die von Spätfrühling bis Anfang Herbst erhältlich sind, und zwischen Winterkürbissen, die im Herbst angeboten werden.

Sommerkürbisse haben eine weiche Schale, Winterkürbisse dagegen eine harte. Die weichschaligen Sommerkürbisse werden in der Regel unreif geerntet und haben einen angenehm milden Geschmack. Größere Sorten, wie der Markkürbis, eignen sich hervorragend zum Füllen und Backen. Winterkürbisse werden erst geerntet, wenn sie voll ausgereift sind. Ihre Schale ist dick und hart und häufig auch gerippt.

Kürbisse sind nicht nur Nahrungsmittel, sie sehen auch sehr dekorativ aus.

Das Fleisch ist fest und zum Rohverzehr nicht geeignet. Da auch die Schale ungenießbar ist, werden Winterkürbisse stets geschält.

Sommer- und Winterkürbisse haben zuerst die indianischen Ureinwohner Nord- und Mittelamerikas als Nahrungspflanze kultiviert. Der inzwischen auch in unseren Breiten gebräuchliche Name »Squash« für bestimmte Kürbisarten ist ebenfalls indianischen Ursprungs. Melonen und Gurken wurden dagegen schon sehr früh in der Alten Welt angebaut und als Nahrungsmittel verwendet.

Der Speisekürbis hat in jüngster Zeit viele Freunde unter den Feinschmeckern gefunden und ist häufiger als früher in unterschiedlichen Arten auf dem Markt. Diesem Umstand wollte ich durch ein Rezeptbuch entsprechen, in dem ich alle Mitglieder der Kürbisfamilie – also auch Gurken, Melonen und weichschalige Zucchini – berücksichtige. Gleichwohl liegt der Schwerpunkt auf den klassischen Kürbisarten. Ich hoffe, meine Rezepte sind für Sie und Ihre Küche eine willkommene Inspiration.

Kürbisvarianten

Da die vorliegende Publikation ein Kochbuch und kein botanisches Lehrbuch ist, möchte ich die wissenschaftlichen Namen und Klassifizierungen auf ein Minimum reduzieren. Für die Küchenpraxis ist jedoch die Unterscheidung zwischen weichschaligen Arten – wie der Zucchini, die nicht lange haltbar ist – und hartschaligen Arten wichtig. Zur letzteren gehört der normale Kürbis, der im Herbst frisch auf den Markt kommt und einige Wochen gelagert werden kann. Die verschiedenen Kürbisarten können unterschiedlich groß werden, und das Fruchtfleisch ist unterschiedlich im Geschmack.

Grundsätzlich kann man bei den Rezepten die eine Kürbisart durch jede andere ersetzen; man wird sich bei der Auswahl nach dem Marktangebot und dem eigenen Geschmack richten. Allerdings ist zu beachten, dass es Kürbisse mit festem Fleisch gibt, das auch nach dem Garen seine Form bewahrt, und solche mit weichem Fleisch, das beim Garen rasch zu Mus zerfällt.

Kürbisse im Garten ziehen

Obwohl Melonen, Gurken und Kürbisse am Boden kriechende Gewächse sind, gibt es auch moderne Buschvarietäten, die weniger Raum beanspruchen. Sie kann man beispielsweise an Gestellen ranken lassen, was Platz im Garten spart.

Wer besonders große Exemplare ernten möchte – Kürbisse können bis zu 50 kg schwer werden, wobei die größten nicht unbedingt die schmackhaftesten Früchte sind –, sollte eigene Beete dafür anlegen. Die Pflanzen brauchen in jedem Fall viel Sonne und nährstoffreiche Böden; auf Komposthaufen gedeihen sie besonders gut. Außerdem benötigen sie viel Wasser.

Damit sich die Früchte gut entwickeln können, sät man die Samen unter Glas aus und bringt sie erst nach dem letzten Frost ins Freie. Kürbispflanzen mögen grundsätzlich keinen Frost. Wenn sich fünf bis sechs Blätter entwickelt haben, kneift man die Spitze ab. So bilden sich Frucht tragende Seitenzweige.

Hat man auf dem Markt einen besonders schmackhaften Kürbis gekauft, sollte man ein paar der Kerne aufheben und im nächsten Jahr aussäen. Will man hartschalige Kürbisse länger aufbewahren, lässt man sie nach der Ernte noch zehn bis 14 Tage in der Sonne liegen – dadurch härtet die Schale nach. Die Kürbisse können dann an einem frostfreien, gut belüfteten Ort aufbewahrt werden.

Gurken und Melonen gedeihen am besten im Gewächshaus, wo man bezüglich Wärme und Feuchtigkeit gleichmäßige Bedingungen schaffen kann. Da Melonen sehr schwer werden können, müssen die Früchte gestützt werden, wenn sie reifen. Im Handel gibt es Netze, die wie kleine Hängematten aussehen (zur Not tun es aber auch Strumpfhosen).

Gurken, die glattschalig und lang sind, müssen (wie zum Bei-

Auch Gurken wie diese armenische Art gehören zu den Kürbisgewächsen.

spiel die Schlangengurke) im Gewächshaus gezogen werden. Arten mit rauer, leicht gerippter oder warziger Haut und manchmal auch kugeliger Form sind weniger empfindlich und können im Freien gezogen werden. Sie sind aber im Geschmack manchmal etwas bitter.

Die schwere Melone reift in einem stützenden Netz.

Obwohl man die als Salat- oder Schlangengurken bekannten Arten meist roh als Salat verzehrt, kann man sie auch kochen und zu Gemüse oder Suppe verarbeiten. Kleinere Gurken legt man gern in Essig mit verschiedenen Gewürzen ein; so halten sie sich sehr lange.

Die Hauptsaison für frische Gurken ist der Sommer. Wer keinen Garten hat und Gurken auf dem Markt kauft, sollte auf makellose feste Früchte ohne Druckstellen achten. Aufgeblähte Früchte sind oft überreif, schmecken bitter und enthalten zu viele Kerne.

Die Reife einer Melone prüfen

Wenn es darum geht, die Reife von Melonen zu prüfen, sollte man einen Geruchstest machen. Eine essfertige Melone wird einen zarten Duft verströmen. Sie sollte zudem leicht federnd nachgeben, wenn man am Blütenende auf die Frucht drückt. Diese Tests funktionieren bei fast allen kleineren Arten wie Charentais, Kantalupe oder Ogen; lediglich die feste, gelbe Schale der Honigmelone ist dafür zu dick.

Die Reife von Wassermelonen mit ihrer meist glatten grünen oder grün-weißlich gestreiften Schale und ihrem roten, mit Kernen durchsetzten Fruchtfleisch prüft man, indem man den Stiel genauer inspiziert. Ist der Stielansatz leicht eingesunken, ist die Melone vollreif und zum Anschnitt bereit.

Der Speisekürbis stammt ursprünglich aus den wärmeren Regionen Amerikas, wird aber heute in vielen Teilen der Welt angebaut. Die Variationsbreite der Arten und Sorten ist gewaltig, und selbst in unseren Breiten werden in Supermärkten und Gemüsehandlungen inzwischen viele unterschiedliche Sorten angeboten.

Vereinigte Staaten von Amerika

Der bekannteste amerikanische Kürbis ist der Laternenkürbis oder »Halloween Pumpkin«. Von diesem Kürbis gibt es viele ähnliche Sorten. Wie sein Name verrät, benutzt man ihn gern, um ihn an Halloween ausgehöhlt zu einer Laterne umzufunktionieren. Das ausgelöste Fruchtfleisch wird verzehrt, ist aber bei den großen Früchten nicht sehr aufregend im Geschmack. Außerdem zerfällt es leicht beim Kochen. Dem Laternenkürbis entspricht in Deutschland der Gelbe Zentner, der sich gut zu Suppen oder Püree verarbeiten lässt oder mit Gemüse kombiniert wird, das einen ausgeprägteren Geschmack hat.

Amerikanische Laternenkürbisse

Der beliebteste Kürbis in den USA ist der Butternut (Butternuss). Er hat ein tief orangefarbenes, schmackhaftes Fruchtfleisch, das sich kochen, backen, braten und rösten lässt. Auch bei uns ist der Butternusskürbis gelegentlich im Angebot. Ein guter Ersatz ist der Potimarron.

Amerika ist auch die Heimat diverser Winterkürbisse. Hier gedeihen der keulenförmige Birnenkürbis, der Eichelkürbis und der Turbankürbis. Der leuchtend-gelbe Spaghettikürbis hat faseriges Fruchtfleisch, das gekocht wie Spaghetti aussieht.

Der kanadische Acorn kann grün, gelb oder gefleckt sein.

Kanada

Der beliebteste kanadische Kürbis ist der Acorn. Meist hat er eine grüne Schale, kann aber auch gelb oder grün-gelb gefleckt werden. Die Schale des Acorns ist sehr hart und fest. Da man die Früchte vor dem Kochen nur schwer schälen kann, werden sie oft halbiert und dann im Ofen gebacken oder in Ringe geschnitten und frittiert. Sobald das Fleisch gar ist, lässt sich die Schale leicht entfernen. Eine weitere kanadische Art ist der Blue Hubbard, der eine extrem harte, warzige Schale hat, die schwer durchzuschneiden ist.

Australien und Neuseeland

Die berühmteste australische Kürbissorte ist der Queensland Blue, der – wie der kanadische Hubbard – sehr groß werden kann. Das Fruchtfleisch hat einen angenehmen Geschmack und lässt sich nach dem Kochen mit Butter zu einem cremigen Püree verrühren. Der grünschalige Snake Squash (Schlangenkürbis), der in Australien und Südostasien anzutreffen ist, wächst wie eine geringelte Schlange heran. Er wird am besten jung verzehrt, wenn die Schale noch weich ist.

Ein typisch neuseeländischer Kürbis ist der Crown Prince (Kronprinz), der eine harte, graublaue Schale und leuchtend orangefarbenes Fruchtfleisch hat. Fein geschnitten lässt es sich unter Rühren braten oder frittieren. Gekocht ergibt das Fleisch cremige Suppen oder Pürees. Auch der kleine Kabocha ist eine typisch neuseeländische Varietät. Seine Schale kann dunkelgrün oder auch orange sein. Das feste,

Rechts: *Der Crown Prince Squash stammt aus Neuseeland.*

Kabochakürbisse

Hokkaido

Gem Squash

wohlschmeckende Fruchtfleisch ist orangefarben und eignet sich zum Backen im Ofen und zum Frittieren. Fein geraspelt mischt man den Kürbis auch unter Brotteig.

Japan

Eine in Japan beliebte Kürbisart ist der festfleischige Uchiki Kuri, der in englischsprachigen Ländern als Onion Squash (Zwiebelkürbis) angeboten wird. In Deutschland ist er gelegentlich unter dem Namen Hokkaido auf dem Markt.

Der englische Name leitet sich vom Aussehen der Früchte ab, denn die Schale ähnelt in ihrer Struktur deutlich einer Zwiebel. Der Kürbis hat festes, leicht mehliges Fruchtfleisch, das an Maronen erinnert. Wenn man den Kürbis im Ofen gart, sollte man ihn mit Alufolie abdecken, damit das Fruchtfleisch nicht austrocknet.

Südafrika

Kürbisse erfreuen sich in Südafrika großer Beliebtheit. Besonders bekannt sind hier der Butternut, der Golden Hubbard und der kleine runde Gem Squash. Diese kleinen Kürbisse sticht man mehrmals mit einer Gabel an, bevor man sie kocht. Wenn sie gar sind, schneidet man sie durch und entfernt die Kerne mit einem Löffel. Man kann sie auch roh schälen und in Scheiben geschnitten frittieren.

Frankreich, Italien, Deutschland

Da Kürbisse in Frankreich und Italien seit Jahrhunderten beliebt sind, hat man vielfältige Arten ihrer Zubereitung entwickelt. Eine italienische Spezialität sind gefüllte frittierte Kürbisblüten (besonders beliebt sind hierbei die gelben Zucchiniblüten). Auch bereitet man Suppen und Gemüse aus Kürbis. Pürees werden zu Mousse, Soufflés und Füllungen für Teigtaschen weiterverarbeitet.

Der leicht mehlig schmeckende Patisson, der auch als Bischofsmütze oder Ufo bezeichnet wird, ist in Frankreich ein beliebter Sommerkürbis und wird dort gedünstet, gefüllt und manchmal sogar im Ofen gebacken.

In Deutschland ist man traditionell weniger fantasievoll: Das Fruchtfleisch der großen Winterkürbisse wie Gelber Zentner (auch Gartenkürbis genannt) wird meist in Stücke geschnitten und süß-sauer eingelegt. Inzwischen erfreuen sich jedoch auch andere Winterkürbisse und weichschalige Zucchiniarten (vor allem Markkürbisse) einer wachsenden Nachfrage in deutschsprachigen Ländern.

Umgang mit hartschaligen Kürbissen

Da sich viele hartschalige Kürbisarten roh nur sehr schwer schälen lassen, sollte man den Kürbis samt Schale in dicke Scheiben schneiden und im Backofen zugedeckt schmoren lassen oder offen rösten. Lediglich das weiche, faserige Innere, das die Kerne enthält, entfernt man vor dem Garen. Am leichtesten zerteilt man einen hartschaligen Kürbis mit einem schweren, großen Küchenmesser oder einem Küchenbeil.

Um Strom zu sparen, wenn man nur eine kleine Portion Kürbis benötigt, kann man Kürbisscheiben mitgaren, wenn man den Backofen ohnehin in Betrieb hat. Die gegarten Scheiben lassen sich in Folie verpackt einige Tage lang im Kühlschrank aufbewahren. Alternativ kann man das gegarte Fruchtfleisch pürieren oder es einfrieren.

In Scheiben oder Würfel geschnittener Kürbis kann auch gedämpft oder im Schnellkochtopf über heißem Dampf gegart werden. Beim Schnellkochtopf ist allerdings Vorsicht geboten, da manche Kürbisarten sehr schnell zerfallen.

Nährstoffgehalt und Garzeiten

Kürbisse enthalten kein Fett und kein Cholesterin. Sommerkürbisse haben pro 100 g (roh) 84 kJ, Winterkürbisse 155 kJ. Ganze oder halbierte Sommerkürbisse werden bei 175 °C/Gas Stufe 2–3 etwa 20–30 Minuten lang gebacken. Stücke und Schnitze werden bei 175 °C/Gas Stufe 2–3 etwa 10–15 Minuten lang gebacken. Blanchieren: 1–2 Minuten; dämpfen: 5–10 Minuten; fritieren: 2–3 Minuten. Halbierte Winterkürbisse werden bei 175 °C/Gas Stufe 2–3 etwa 25–35 Minuten lang gebacken. Blanchieren: 2–3 Minuten; dämpfen: 8–15 Minuten; fritieren: 2–3 Minuten.

Kürbiskerne – köstliche Knabberei

Wenn man einen Kürbis zubereitet, kann man die Kerne auslösen, alles Fruchtfleisch davon abschaben, die Kerne waschen und dann auf Küchenpapier ausgebreitet trocknen lassen.

Nach dem Trocknen kann man die Kerne grillen oder in einer beschichteten Pfanne ohne Fett rösten. Man würzt die Kerne, solange sie noch heiß sind – entweder nur mit Meersalz oder mit einer beliebigen Gewürzmischung, in der man die Kerne so lange wendet, bis sie abgekühlt sind. Den besten Geschmack haben frische Kürbiskerne. Man kann sie jedoch auch in einem luftdicht verschlossenen Glas aufbewahren.

Suppen und kleine Vorspeisen

Kalte Gurkensuppe mit grünen Pfefferschoten

Suppe aus geröstetem Acorn mit Gurkensalsa

Mediterrane Kürbissuppe

Butternusssuppe mit Orange

Kürbissuppe mit Linsen und Bacon

Melonensuppe mit Basilikumpesto

Kürbissuppe mit Möhren und Liebstöckel

Gebackener Gem Squash mit Parmesancreme

Zucchiniflan mit Limetten

Melone und Feige mit Parmaschinken

Spieße mit Kürbis, Tomaten und Schinken

Pâté aus geröstetem Kürbis mit Pistazien

Koftas aus Currylamm und Kürbis

Würzige Melonenbällchen mit Minze

Kürbischutney

Pâté aus Butternuss und Hühnerleber

Kürbisrelish

Gurken-Radieschen-Raita

Kalte Gurkensuppe mit grünen Pfefferschoten

Die sehr erfrischende Sommersuppe ist stark gewürzt, um dem geschmacksmildernden Effekt der Kälte entgegenzuwirken.

Für 6 Portionen

- 4 große Frühlingszwiebeln, in Ringe geschnitten
- 1 Stängel Zitronengras, blanchiert und fein gehackt
- 1–2 Knoblauchzehen, zerdrückt
- 2–3 grüne Pfefferschoten, entkernt und sehr fein gehackt
- 2 Kaffir-Limettenblätter, in hauchfeine Streifen geschnitten
- 900 ml Gemüsebrühe
- 450 g Salatgurke, entkernt und gewürfelt
- 250 ml Naturjoghurt
- 1 EL asiatische Fischsauce
- Salz
- zerstoßenes Eis
- 2 EL gehackter Cilantro

Zubereitungszeit: 70 Minuten
Kühlzeit: 2–3 Stunden

❶ Frühlingszwiebeln, Zitronengras, Knoblauch, Pfefferschoten und Limettenblätter in einen Topf geben. Die Gemüsebrühe dazugießen und zum Kochen bringen. Die Gurkenwürfel hinzufügen. Den Topf vom Herd nehmen, die Suppe zugedeckt 1 Stunde ziehen lassen.

❷ Die Suppe im Mixer pürieren, bis sie völlig glatt ist, eventuell zusätzlich durch ein Sieb streichen. Joghurt und Fischsauce unterrühren und mit Salz abschmecken. Die Suppe für mindestens 2 Stunden in den Kühlschrank stellen.

❸ Zum Anrichten zerstoßenes Eis in Suppenschalen geben und die Suppe darüber verteilen. Jede Portion zur Dekoration mit etwas gehacktem Cilantro garnieren.

Tipp

Die asiatischen Kräuter und Gewürze bekommt man in Supermärkten mit großer Asienabteilung oder in speziellen Asiengeschäften.

Suppe aus geröstetem Acorn mit Gurkensalsa

Die cremige Suppe wird durch eine Einlage aus stückiger Gurkensalsa noch besser.

Für 4 Portionen

- 1 Acorn Squash (etwa 600 g), geviertelt
- Salz und frisch geriebene Muskatnuss
- Olivenöl
- 1 große Zwiebel, fein gehackt
- 2 Scheiben Schinkenspeck, gehackt
- 2 Möhren, in Scheiben geschnitten
- 3 Lorbeerblätter
- 900 ml Gemüsebrühe
- frisch gemahlener Pfeffer
- 250 ml Milch

Für die Salsa

- 1 EL Koriandersamen
- ½ Salatgurke, entkernt und gewürfelt
- 1 milde grüne Pfefferschote, entkernt und sehr fein gehackt
- 1 kleine rote Zwiebel, fein gehackt
- 1 Tomate, entkernt und fein gehackt
- 1 Knoblauchzehe, sehr fein gehackt
- 1 Stück frische Ingwerwurzel (2,5 cm), geschält und grob gerieben

Vorbereitungszeit: 50 Minuten
Garzeit: 45 Minuten

❶ Den Backofen auf 220 °C vorheizen. Das faserige Innere und die Kerne aus dem Kürbis entfernen. Die Stücke in eine feuerfeste Form legen, mit Salz und Muskat würzen, mit Olivenöl beträufeln und 45 Minuten rösten, bis der Kürbis weich ist. Ausreichend lang abkühlen lassen, aus der Schale lösen und in Stücke schneiden.

❷ In der Zwischenzeit die Zwiebel, mit Schinkenspeck und Möhren in etwas Olivenöl in einem Topf angehen lassen. Den Kürbis hinzufügen, die Lorbeerblätter dazugeben und mit der Brühe aufgießen. Mit Salz und Pfeffer gut abschmecken und bedeckt etwa 30 Minuten köcheln lassen.

❸ Währenddessen für die Salsa eine kleine beschichtete Pfanne erhitzen. Die Koriandersamen darin trocken 1 Minute rösten, bis sie duften, dann in einem Mörser zerstoßen. Zusammen mit allen anderen Zutaten, außer dem Ingwer, in eine Schüssel geben. Den geriebenen Ingwer in der Hand oder einem Mulltuch fest über der Schüssel ausdrücken, damit nur der Saft an die Salsa kommt. Die Salsa 30 Minuten ziehen lassen.

❹ Die Suppe im Mixer pürieren und dabei die Milch dazugeben. Nochmals mit Salz, Pfeffer und Muskat abschmecken. Die Suppe in Tellern oder Schalen servieren und jeweils eine Portion von der Salsa hineingeben.

Tipp

Hartschaligen Kürbis mit der Schale zu rösten hat zwei Vorteile: Das Fleisch lässt sich besser von der Schale lösen und es erhöht den Geschmack. Statt Acorn Squash kann man auch anderen festfleischigen Kürbis nehmen.

Mediterrane Kürbissuppe

Eine leckere Suppe, die hervorragend als Vorspeise zu einem italienischen Hauptgericht passt.

FÜR 4 PORTIONEN

- 750 g Kürbis mit Schale, entkernt und in große Stücke geschnitten
- 6 große Tomaten, halbiert
- 1 Zwiebel, in Ringe geschnitten
- 4–5 Knoblauchzehen, geschält
- 4 frische Rosmarinzweige
- Salz und frisch gemahlener Pfeffer
- Olivenöl
- 450 ml Gemüsebrühe
- 75 g schwarze Oliven, entsteint und gehackt
- Parmesanlocken

Vorbereitungszeit: 10 Minuten
Garzeit: 60 Minuten

❶ Den Backofen auf 220 °C vorheizen. Alle Gemüse in eine feuerfeste Form legen, den Rosmarin dazwischen stecken. Kräftig mit Salz und Pfeffer würzen, mit Olivenöl beträufeln und etwa 50 Minuten rösten. Abkühlen lassen.

❷ Den Kürbis von der Schale lösen und in kleine Stücke schneiden. Den Rosmarin entfernen. Alle Gemüse und den Kürbis in den Mixer geben und pürieren, bis eine glatte Masse entstanden ist. Den Gemüsebrei durch ein Sieb in einen Topf streichen.

❸ Die Brühe dazugeben und unter Rühren erhitzen, bis sie fast kocht. Die Oliven hinzufügen. Die Suppe in vorgewärmte Teller geben und mit jeweils 3–4 Parmesanlocken garnieren.

Butternusssuppe mit Orange

Diese Suppe war eines der ersten Kürbisgerichte, das ich je gegessen habe. Noch heute gehört sie zu meinen Leibgerichten!

FÜR 4–6 PORTIONEN

- 1 Zwiebel, gehackt
- 2 EL Olivenöl
- 900 g Butternusskürbis, geschält und gewürfelt
- abgeriebene Schale und Saft von 2 unbehandelten Orangen
- 1,5 l Gemüsebrühe
- Salz und frisch gemahlener Pfeffer
- 2 Lorbeerblätter
- frisch geriebene Muskatnuss
- 2 EL frisch gehackte Petersilie

Vorbereitungszeit: 10 Minuten
Garzeit: 45 Minuten

❶ Die Zwiebel in dem Olivenöl angehen lassen, den Kürbis dazugeben und unter Rühren 5 Minuten dünsten. Die Orangenschale einrühren und die Brühe angießen. Würzen und die Lorbeerblätter dazugeben. Bei geschlossenem Topf etwa 40 Minuten simmern lassen, bis der Kürbis weich ist.

❷ Die Suppe etwas abkühlen lassen, Lorbeerblätter entfernen. Die Suppe im Mixer pürieren und in den ausgespülten Topf zurückgießen. Den Orangensaft einrühren und die Suppe erneut erhitzen, aber nicht kochen lassen. Mit Pfeffer, Salz und Muskat abschmecken, mit Petersilie garniert servieren

Mediterrane Kürbissuppe

Kürbissuppe mit Linsen und Bacon

Linsen und Bacon verleihen der Suppe einen zarten Räuchergeschmack.

FÜR 4–6 PORTIONEN

- 1 Zwiebel, fein gehackt
- 4 Scheiben geräucherter Schinken, kleingeschnitten
- 2 EL Olivenöl
- 2 Knoblauchzehen, gehackt
- 400 g gewürfeltes Kürbisfleisch
- 100 g rote Linsen
- 400 g Tomaten, gewürfelt
- Salz und frisch gemahlener Pfeffer
- 4 frische Thymianzweige
- 2 Lorbeerblätter
- 900 ml Gemüsebrühe
- 150 ml süße Sahne

❶ Zwiebel und Schinken in dem Olivenöl 5 Minuten angehen lassen, ohne sie zu bräunen. Knoblauch und Kürbis (ohne Schale!) dazugeben und unter Rühren weitere 2 Minuten dünsten, dann die Linsen und die Tomaten dazugeben.

Vorbereitungszeit: 15 Minuten
Garzeit: 40 Minuten

❷ Würzen, Thymian und Lorbeerblätter hinzufügen und die Brühe angießen.

❸ Bei geschlossenem Topf 30–40 Minuten simmern lassen, bis der Kürbis und die Linsen weich sind.

❹ Die Suppe etwas abkühlen lassen, Thymian und Lorbeerblätter entfernen. Die Suppe im Mixer pürieren, mit Pfeffer und Salz abschmecken. Vor dem Servieren in jede Portion einen Schuss Sahne einrühren.

Melonensuppe mit Basilikumpesto

Die kalte Melonensuppe ist ein perfekter Auftakt zu einem leichten Sommermenü mit Freunden. Man kann sie gut einen Tag im Voraus zubereiten. Verwenden Sie fertigen Basilikumpesto aus dem Glas oder stellen Sie ihn selbst her (siehe Tipp).

FÜR 4 PORTIONEN

- 900 ml Püree von Galia- oder Honigmelonen
- 1 milde grüne Pfefferschote, entkernt und sehr fein gehackt
- 150 ml Wasser
- 3 EL Basilikumpesto
- Salz und frisch gemahlener Pfeffer
- Limettensaft zum Abschmecken

Zubereitungszeit: 15 Minuten
Kühlzeit: 2 Stunden

❶ Alle Zutaten bis auf den Limettensaft in den Mixer geben und kräftig durchmixen. Mit Limettensaft abschmecken.

❷ Die Suppe für mindestens 2 Stunden kalt stellen. Mit Melonenkugeln und Basilikum garniert servieren.

TIPP

Selbst gemachter Pesto:** **60 g Basilikumblätter, 4 EL kaltgepresstes Olivenöl, 30 g frisch geriebenen Parmesan, 1 grob gehackte Knoblauchzehe, 1 EL Pinienkerne, Salz und frisch gemahlenen Pfeffer zusammen in einen Mixer geben und zu einem glatten Püree verarbeiten.

Melonensuppe mit Basilikumpesto

Kürbissuppe mit Möhren und Liebstöckel

Ein Rezept, zu dem man das ausgekratzte, weiche Fruchtfleisch eines Laternenkürbis oder eines Gelben Zentners verwenden kann. Die Möhre und der Liebstöckel (Maggikraut) geben einen zarten Geschmack.

Für 6 Portionen
- 1 große Zwiebel, gehackt
- 3 EL Olivenöl
- 400 g ohne Schale gewürfeltes Kürbisfleisch
- 250 g Möhren, gewürfelt
- 1 EL frisch gehackter Liebstöckel (oder 2 EL glatte Petersilie)
- 1 l Gemüsebrühe
- Salz und frisch gemahlener Pfeffer
- 2 Lorbeerblätter
- süße Sahne zum Anrichten

Vorbereitungszeit: 15 Minuten
Garzeit: 30 Minuten

❶ Die Zwiebel in dem Olivenöl andünsten, bis sie weich, aber nicht gebräunt ist. Den Kürbis und die Möhren dazugeben und unter Rühren weitere 5 Minuten dünsten. Liebstöckel oder Petersilie hinzufügen und die Brühe angießen. Würzen und die Lorbeerblätter dazugeben. Im geschlossenen Topf etwa 30 Minuten simmern lassen, bis alle Gemüse weich sind.

❷ Die Suppe etwas abkühlen lassen, Lorbeerblätter entfernen. Die Suppe im Mixer pürieren und in den ausgespülten Topf zurückgießen. Die Suppe erneut erhitzen, eventuell mehr Brühe dazugeben, aber nicht kochen lassen. Mit Pfeffer und Salz abschmecken und vor dem Servieren in jede Portion einen Schuss Sahne einrühren.

Gebackener Gem Squash mit Parmesancreme

Der in Südafrika heimische kleine Gem Squash ist ein Juwel unter den Kürbissen. Statt seiner kann man Patisson oder Bischofsmützen verwenden, deren weiche Schalen man mitessen kann.

Für 4 Portionen
- 4 Gem Squash, halbiert, entkernt
- Olivenöl
- 300 ml Kaffeesahne
- 100 g frisch geriebener Parmesan
- 1 milde grüne Pfefferschote, entkernt und sehr fein gehackt
- 2 Knoblauchzehen, zerdrückt
- 1 Prise Macis (Muskatblüte)
- Salz und frisch gemahlener Pfeffer

Vorbereitungszeit: 10 Minuten
Garzeit: 30 Minuten

❶ Den Backofen auf 200 °C vorheizen. Das Fleisch der halbierten Kürbisse tief einschneiden und mit Olivenöl beträufeln. Die Sahne mit den restlichen Zutaten verrühren und die Mischung in die Höhlungen der Kürbisse verteilen.

❷ Die Kürbisse 30 Minuten im Ofen backen, bis das Fleisch weich und die Parmesancreme gebräunt ist. Sofort heiß aus dem Backofen servieren.

Gebackener Gem Squash mit Parmesancreme

Zucchiniflan mit Limetten

Zucchino und Limette sind hervorragende Partner. In diesem zarten Flan verbinden sie sich mit der Sahne zu einer delikaten Vorspeise.

FÜR 4 PORTIONEN

- 150 ml süße Sahne
- 2 Kaffir-Limettenblätter, grob zerschnitten
- etwas Butter für die Förmchen
- 250 g Zucchini, geraffelt
- abgeriebene Schale und Saft von 1 unbehandelten Limette
- 1 Knoblauchzehe, zerdrückt
- frisch geriebene Muskatnuss
- 1 großes Ei, geschlagen
- Salz und frisch gemahlener Pfeffer
- 2 EL frisch geriebener Parmesan

Vorbereitungszeit: 35 Minuten

Garzeit: 35 Minuten

❶ Den Backofen auf 170 °C vorheizen. Sahne und Limettenblätter in einem Topf erhitzen, nicht kochen. Etwa 20 Minuten ziehen lassen, dann die Blätter entfernen. 4 kleine Souffléformen mit Butter ausstreichen. Sahne, Zucchini und die restlichen Zutaten bis auf den Parmesan gut miteinander verrühren und gleichmäßig auf die Formen verteilen. Sie Saftpfanne des Backofens mit kochendem Wasser füllen, die Formen hineinstellen und den Flan etwa 30 Minuten garen.

❷ Den Flan aus dem Backofen nehmen, mit Parmesan bestreuen und in den Formen servieren.

Melone und Feige mit Parmaschinken

Was soll man nehmen? Blaue Feigen zum hauchdünn geschnittenen Parmaschinken oder lieber köstliche Melone? Wer sich nicht entscheiden kann, sollte beides nehmen. Ein schnell zubereitetes Arrangement!

FÜR 4 PORTIONEN

- 12 dünn geschnittene Melonenscheiben, z. B. Kantalupe
- 8–12 Scheiben Parmaschinken
- 4 reife blaue Feigen
- frisch gemahlener Pfeffer
- frischer Cilantro zum Garnieren

Zubereitungszeit: 15 Minuten

❶ Die Melonenscheiben fächerförmig auf Tellern anrichten. Die Schinkenscheiben hübsch daneben arrangieren. Die Feigen vierteln, ohne sie völlig durchzuschneiden, anschließend leicht auseinander drücken. Ebenfalls dekorativ auf den Tellern arrangieren.

❷ Etwas frisch gemahlenen Pfeffer aus der Mühle über das Ganze geben. Nach Geschmack mit Cilantro garnieren.

TIPP

Blaue Feigen sind des farblichen Effekts wegen zu empfehlen, man kann aber auch grüne nehmen. Melone und Feige sollten nicht gekühlt sein, denn das betäubt den zarten Geschmack. Da der Schinken rasch austrocknet, sollte man die Teller erst unmittelbar vor dem Servieren zurechtmachen.

Spieße mit Kürbis, Tomaten und Schinken

Für dieses leichte, sehr schmackhafte Vorgericht sollte man einen festfleischigen Kürbis wie Potimarron oder Moschuskürbis verwenden. Man serviert die Spieße auf einem Bett aus angemachtem Salat nach Wahl. Für ein Hauptgericht kann man zwei Spieße pro Person rechnen und Reis als Beilage dazu servieren.

Für 4 Portionen

- 200 g festes Kürbisfleisch ohne Schale und Kerne
- 6 Scheiben roher Schinken
- 12 Kirschtomaten
- 2 EL frisch geriebener Parmesan

Für die Marinade

- 3 EL kaltgepresstes Olivenöl
- 1 Knoblauchzehe, zerdrückt
- 1 EL gehackte Rosmarinnadeln
- 1 EL Balsamessig
- Salz und frisch gemahlener Pfeffer

Vorbereitungszeit: 45 Minuten
Garzeit: 8–10 Minuten

❶ Alle Zutaten für die Marinade in eine flache Schale geben und gut mischen. Den Kürbis in 12 gleich große Stücke schneiden. In die Marinade legen und etwa 30 Minuten ziehen lassen.

❷ Den Backofengrill vorheizen. Die Schinkenscheiben längs halbieren und zusammenrollen. Kürbisstücke, Schinkenrollen und Tomaten gleichmäßig auf 4 Metallspieße verteilen. Mit Marinade beträufeln und etwa 6–8 Minuten grillen, dabei mehrmals wenden. Die fertigen, noch heißen Spieße mit Parmesan bestreuen, sodass er leicht schmilzt.

❸ Die Spieße auf einem Bett aus angemachtem Blattsalat servieren.

Statt unter dem Grill kann man die Spieße auch in einer Pfanne, bevorzugt einer Grillpfanne mit Rillen, zubereiten.

Pâté aus geröstetem Kürbis mit Pistazien

Der ideale Kürbis für diese Pâté ist der aus Neuseeland stammende Crown Prince Squash, doch andere Kürbisse mit festem, orangefarbenem Fleisch – etwa Potimarron oder Hokkaido – sind ebenso geeignet.

Für 4 Portionen

- 650–700 g Crown Prince Squash, mit Schale, aber entkernt
- Salz und frisch gemahlener Pfeffer
- Olivenöl
- 200 g Frischkäse
- 1–2 Knoblauchzehen, zerdrückt
- 1 kleine rote Pfefferschote, entkernt und sehr fein gehackt
- 40 g Pistazien, gehackt

Zubereitungszeit: 90 Minuten
Kühlzeit: 30 Minuten

❶ Den Backofen auf 220 °C vorheizen. Den Kürbis in 2,5 cm dicke Scheiben schneiden. Die Scheiben in eine feuerfeste Form legen, mit Salz und Pfeffer würzen, mit Olivenöl beträufeln und 45 Minuten rösten. Abkühlen lassen, aus der Schale lösen und mit einer Gabel zu Mus zerdrücken. Frischkäse, Knoblauch und Pfefferschote zum Kürbismus geben und gut verrühren. Die Pistazien untermischen und die Pâté 30 Minuten lang kalt stellen.

❷ Jeweils eine Portion Pâté zu frischem Toastbrot servieren. Rucola sieht als Garnierung hübsch aus.

Koftas aus Currylamm und Kürbis

Koftas sind am Spieß gegrillte Fleischbällchen. Das verwendete Kürbispüree kann aus dem Fleisch eines Laternenkürbis stammen, das man längst zubereitet und eingefroren im Kühlschrank hat.

FÜR 4 PORTIONEN

- 1 Zwiebel, gehackt
- 1 Knoblauchzehe, gehackt
- 1 EL Currypulver
- 1 kleine rote Pfefferschote, entkernt und gehackt
- 1 EL Öl oder Butterschmalz
- 500 g Lammhackfleisch
- 200–250 g dickes Kürbispüree
- Salz
- 75 g Haferflocken
- Öl zum Grillen

Vorbereitungszeit: 30 Minuten
Garzeit: 10 Minuten

❶ Zwiebel, Knoblauch, Curry und Pfefferschote zusammen im Cutter zu einer glatten Paste verarbeiten.

❷ Das Öl in einer Pfanne erhitzen und das Lammhack darin rundum anbraten, bis keine rosa Stellen mehr zu sehen sind. Die Currypaste dazugeben und 2 Minuten angehen lassen. Das Kürbispüree hinzufügen. Alles zusammen heiß werden lassen und mit Salz abschmecken.

❸ Die Pfanne vom Herd nehmen, die Haferflocken einrühren, damit eine formbare Masse entsteht. Abkühlen lassen.

❹ Um je einen Spieß 3 Koftas formen und die Spieße auf jeder Seite 3–4 Minuten im Backofengrill oder auf dem Holzkohlengrill im Freien grillen, dabei mit Öl bestreichen, damit sie saftig bleiben.

TIPP

Man kann aus der Fleischmasse auch kleine Frikadellen formen, die man vorsichtig in der Pfanne brät. Feldsalat und ein Joghurtdip sind eine ideale Beilage. Reicht man außerdem Reis dazu, wird rasch ein Hauptgericht aus den Koftas.

Würzige Melonenbällchen mit Minze

Eine scharfe Vinaigrette harmoniert gut mit der Süße von Melonenbällchen. Man sollte diese Vorspeise nicht gekühlt servieren, da die Kälte den Geschmack mindert.

FÜR 4 PORTIONEN

- ½ TL Kreuzkümmelsamen
- ½ reife Melone (Kantalupe oder Honigmelone)
- ½ Salatgurke, geschält und klein gewürfelt
- 3 Tomaten, entkernt und gewürfelt
- 3 EL frisch gehackte Minze
- Salz und Zucker
- 3 EL kaltgepresstes Olivenöl
- 1 EL Weißweinessig
- Minzezweige als Garnierung

Zubereitungszeit: 30 Minuten
Marinierzeit: 30 Minuten

❶ Eine kleine beschichtete Pfanne erhitzen. Den Kreuzkümmel darin trocken 30 Sekunden rösten, bis er duftet. Abkühlen lassen und im Mörser zerstoßen.

❷ Aus der Melone Kugeln ausstechen, zusammen mit Gurken- und Tomatenwürfeln in eine Schüssel geben. 2 Esslöffel der Minze sowie etwas Salz und Zucker darüber geben. Gut mischen und ein paar Minuten ziehen lassen.

❸ Aus Öl, Essig, restlicher Minze und dem zerstoßenen Kreuzkümmel sowie etwas Salz und Zucker eine Vinaigrette zubereiten, über den Melonensalat gießen und 30 Minuten stehen lassen. Auf kleinen Tellern mit Minzezweigen garniert servieren.

Kürbischutney

Wer zu Halloween eine Laterne aus einem Kürbis schneiden möchte, muss viel Fruchtfleisch verarbeiten. Ein Chutney ist eine gute Idee für eine Zubereitung, die sich längere Zeit hält.

FÜR ETWA 1,5 KG

- 1 kg Kürbisfleisch, klein gewürfelt
- 2 Zwiebeln, fein gehackt
- 1 EL Salz plus 2 TL
- 500 g Tomaten, gehäutet und gewürfelt
- 100 g Sultaninen
- 350 g brauner Zucker
- 1½ EL Ingwerpulver
- 2 Knoblauchzehen, fein gehackt
- 350 ml Weißwein- oder Apfelessig

Vorbereitungszeit: 15 Minuten
Marinierzeit: 120 Minuten
Garzeit: 60 Minuten

❶ Kürbisfleisch und Zwiebeln in eine Schüssel geben, mit 1 Esslöffel Salz bestreuen, durchmischen und 2 Stunden stehen lassen. Danach abgießen, abwaschen und gut abtropfen lassen.

❷ Kürbis und Zwiebeln mit den anderen Zutaten in einen schweren Topf geben und unter Rühren langsam zum Kochen bringen. Unter gelegentlichem Rühren bei schwacher Hitze 45 Minuten köcheln lassen, bis die Masse eindickt.

❸ Das Chutney in Schraubdeckel- oder Einmachgläser füllen. Es hält sich ungeöffnet ca. 1 Monat.

Kürbischutney

Pâté aus Butternuss und Hühnerleber

Reine Fleisch- oder Leberpasteten können eine sättigende Vorspeise darstellen. Diese durch schmackhaften Butternusskürbis aufgelockerte Geflügelleberpâté ist dagegen ein leichter Auftakt, der obendrein vorzüglich schmeckt, vor allem, wenn man einen fettarmen Frischkäse verwendet.

Für 6–8 Portionen

- 1 Butternusskürbis (etwa 700 bis 800 g)
- Salz und frisch gemahlener Pfeffer
- Olivenöl
- 1 kleine Zwiebel, fein gehackt
- 1 Knoblauchzehe, zerdrückt
- 400 g Hühnerleber, pariert
- 1 EL frische Thymianblätter
- 200 g Frischkäse
- Paprikapulver und Thymian zum Garnieren

Zubereitungszeit: 60 Minuten
Kühlzeit: 120 Minuten

❶ Den Backofen auf 220 °C vorheizen. Den Butternusskürbis längs halbieren und die Kerne auskratzen. Den Kürbis in eine feuerfeste Form legen, salzen, pfeffern und mit Öl beträufeln. Etwa 30 Minuten rösten, bis der Kürbis weich ist. Abkühlen lassen.

❷ 3 Esslöffel Öl in einer Pfanne erhitzen. Die Zwiebel darin weich dünsten, dann Knoblauch und Hühnerleber dazugeben und unter gelegentlichem Wenden bei starker Hitze etwa 4 Minuten braten. Die Thymianblätter dazugeben, nochmals durchmischen, dann vom Herd nehmen und abkühlen lassen.

❸ Den Frischkäse in einen Mixer geben, die Lebermischung und das ausgelöste Kürbisfleisch hinzufügen und alles zu einer glatten Paste pürieren. Mit Salz und Pfeffer abschmecken.

❹ Die Pâté auf kleine Formen verteilen und für mindestens 2 Stunden in den Kühlschrank stellen. Vor dem Servieren mit etwas Paprikapulver überstäuben und mit Thymian garnieren. Frisches Toastbrot dazureichen.

Kürbisrelish

Ein süß-scharfes norwegisches Rezept zur Verarbeitung von größeren Mengen von weichfleischigem Laternenkürbis.

- Etwa 1,5 kg Kürbisfleisch, geschält und entkernt
- 500 ml Weißweinessig
- 500 ml Wasser
- Zucker
- Weißweinessig
- frische Ingwerwurzel

Vorbereitungszeit: 20 Minuten
Standzeit: 8 Stunden
Garzeit: 75 Minuten

❶ Das Kürbisfleisch in 1 cm große Würfel schneiden, in eine Schüssel geben und mit gleichen Teilen Essig und Wasser begießen. Bedeckt etwa 8 Stunden ziehen lassen.

❷ Den Kürbis abgießen und wiegen. Auf jeweils 1 kg Kürbis 1 kg Zucker, 250 ml Essig und 40 g geschälte fein gehackte frische Ingwerwurzel abwiegen.

❸ Die Zutaten in einen schweren Topf geben und unter Rühren langsam zum Kochen bringen. Unter gelegentlichem Rühren 30–40 Minuten bei schwacher Hitze kochen, bis der Kürbis weich ist. Den Kürbis aus der Flüssigkeit nehmen und in Schraubdeckel- oder Einmachgläser füllen. Die verbliebene Flüssigkeit zum Sirup einkochen lassen und auf die Gläser verteilen. Die Gläser verschließen und kühl stellen.

Gurken-Radieschen-Raita

Raita ist eine indische Joghurtsauce, die unterschiedliche Zutaten enthalten kann und als Beilage dient.

Für 4 Portionen
- 1 TL Senfkörner
- 1 TL Kreuzkümmelsamen
- ½ Salatgurke
- 50 g Radieschen
- 250 ml Naturjoghurt
- Salz und frisch gemahlener Pfeffer
- 2 EL frisch gehackter Cilantro
- Cayennepfeffer zum Überstäuben

Zubereitungszeit: 10 Minuten

❶ Eine kleine beschichtete Pfanne erhitzen. Senfkörner und Kreuzkümmel darin trocken, etwa 1½ Minuten rösten, bis sie leicht gebräunt sind und duften. Abkühlen lassen und im Mörser zerstoßen.

❷ Die Salatgurke und die Radieschen auf der Küchenreibe getrennt voneinander grob raffeln. Die Gurke mit der Hand oder in Mulltuch eingeschlagen etwas ausdrücken. Dann zu den Radieschen geben. Die Gewürze und den Joghurt hinzufügen, alles gut mischen, abschmecken und dann den Cilantro dazugeben.

❸ Vor dem Servieren etwas Cayennepfeffer über das Raita stäuben. (Die Zubereitung ist auf dem Bild auf Seite 105 in der Schale hinten rechts zu sehen.)

Salate

Salat aus geröstetem Kürbis, Tomaten und Auberginen

Nudelsalat mit geröstetem Kürbis und Gemüse

Salat aus Melonen, Trauben und Hühnerbrust

Gurkensalat mit gewürztem Schweinefleisch

Grüner Pastasalat

Warmer Salat aus geröstetem Kürbis mit Bohnen

Warmer Pilzsalat mit Patissons

Mit Salat gefüllter Gem Squash

Salat von Chicorée, Tomate und Melone

Salat von gerösteter Paprika mit Kürbis

Salat von geröstetem Kürbis mit Zucchini

Bulgursalat mit Gurke und Kürbis

Salat mit Kidneybohnen und Kürbis

Ratatouille mit Melone und Kürbis

Spinatsalat mit Feta und Kürbis

Salat aus geröstetem Kürbis, Tomaten und Auberginen

Ein köstlicher mediterraner Salat, den man lauwarm oder kalt auf einem Bett von Rucola servieren kann. Dazu passt am besten frisches Ciabatta.

FÜR 4 PORTIONEN

- 8 Scheiben von einem kleinen Kürbis, je 2 cm dick, ohne Kerne
- 1 kleine Aubergine, längs geviertelt
- 2 große Tomaten, halbiert
- 6–8 Knoblauchzehen, geschält
- 8–12 kleine Basilikumblätter
- Salz und frisch gemahlener Pfeffer
- Zucker
- Olivenöl

FÜR DAS DRESSING

- 6 EL kaltgepresstes Olivenöl
- 1 EL Balsamessig oder Sherryessig
- 1 TL Dijonsenf
- 1 Prise Zucker
- 1 TL gehackter frischer Liebstöckel (oder 2 TL glatte Petersilie)

Vorbereitungszeit: 20 Minuten

Garzeit: 45 Minuten

❶ Den Backofen auf 220 °C vorheizen. Alle Gemüse in eine feuerfeste Form legen und das Basilikum dazwischen stecken. Kräftig mit Salz, Pfeffer und etwas Zucker würzen, mit Olivenöl beträufeln und etwa 40 Minuten auf der obersten Einschubleiste rösten, bis die Gemüse stark gebräunt sind. Die Tomaten nach etwa 30 Minuten herausnehmen, falls sie schon weich sind.

❷ Die Gemüse etwas abkühlen lassen, dann den Kürbis aus der Schale schneiden. Die Gemüse gleichmäßig auf Portionsteller verteilt anrichten.

❸ Alle Zutaten für das Dressing in ein Glas mit Schraubverschluss geben, kräftig schütteln, mit Salz, Pfeffer und Zucker abschmecken.

❹ Das Dressing über die angerichteten Gemüse gießen und auftragen. Knuspriges, noch warmes Ciabatta dazureichen.

Nudelsalat mit geröstetem Kürbis und Gemüse

Ein sättigender Salat, den man als sommerliches Hauptgericht oder als Vorspeise servieren kann.

FÜR 4 PORTIONEN ALS HAUPTGERICHT,
FÜR 6–8 PORTIONEN ALS VORSPEISE

- 4 Scheiben Crown Prince Squash, je 2,5 cm dick, ohne Kerne
- 2 gelbe Zucchini
- 1 große Aubergine, längs halbiert
- 1 große rote Paprikaschote
- 8 Knoblauchzehen
- Salz und frisch gemahlener Pfeffer
- Olivenöl
- 200 g schmale Bandnudeln, bissfest gekocht
- 1 kleiner fester Kopfsalat

FÜR DAS DRESSING

- 6 EL kaltgepresstes Olivenöl
- 1 EL Balsamessig
- 1 TL Dijonsenf
- 1 Prise Zucker

Vorbereitungszeit: 30 Minuten
Garzeit: 40 Minuten

❶ Den Backofen auf 220 °C vorheizen. Alle Gemüse in eine feuerfeste Form legen, mit Salz und Pfeffer würzen, mit Olivenöl beträufeln und etwa 40 Minuten auf der obersten Einschubleiste rösten, bis sie schwarz zu werden beginnen. Die Gemüse zwischendurch einmal wenden. Gemüse, die weich und gar sind, herausnehmen und ausreichend abkühlen lassen.

❷ Die Paprikaschote sofort mit einem feuchten Tuch bedecken. Wenn sie abgekühlt ist, häuten, aufschneiden und die Kerne entfernen.

❸ Die Zutaten für das Dressing in ein Glas mit Schraubverschluss geben und kräftig schütteln. Die Nudeln in eine Schüssel geben, mit der Hälfte der Vinaigrette übergießen und gut mischen.

❹ Den Kürbis schälen und ebenso wie die anderen Gemüse in mundgerechte Stücke schneiden. Den Knoblauch aus der Schale drücken, den Salat in kleine Stücke zupfen.

❺ Alles zu den Nudeln geben und die restliche Vinaigrette darüber gießen. Vor dem Servieren noch einmal gut mischen.

Salat aus Melonen, Trauben und Hühnerbrust

Ein sehr sättigender Salat, der gut als sommerliches Hauptgericht dient. Ich nehme für das Dressing Dolcelatte – eine milde Käsezubereitung aus Mascarpone und Gorgonzola. Wer es markanter mag, kann reinen Gorgonzola, Roquefort oder anderen Blauschimmelkäse nehmen.

Für 2 Portionen

- Gemischte Salatblätter
- 2 Hühnerbrustfilets, gegart und enthäutet
- ½ reife Melone (z. B. Honigmelone oder Kantalupe)
- 4 dünne Frühlingszwiebeln, in feine Ringe geschnitten
- 2 Strauchtomaten, entkernt und kleingeschnitten
- 1 kleine rote Pfefferschote, entkernt und sehr fein gehackt
- ½ kleine Salatgurke, gewürfelt
- 50 g kleine, kernlose blaue Trauben
- Salz und frisch gemahlener Pfeffer

Für das Dressing

- 3 EL Mayonnaise (Fertigprodukt)
- 50 g Blauschimmelkäse
- Paprikapulver zum Garnieren

Zubereitungszeit: 15 Minuten

❶ Die gemischten Salatblätter auf zwei Tellern arrangieren. Die Hühnerbrust aufschneiden und fächerförmig über den Salatblättern anordnen.

❷ Aus der Melone Bällchen ausstechen und mit den Salatzutaten mischen. Salzen und pfeffern und neben dem Hühnerfleisch arrangieren.

❸ Die Mayonnaise mit dem leicht zerdrückten Käse verrühren. Je die Hälfte auf die Mitte der beiden Portionen geben, das Ganze mit etwas Paprikapulver überstäuben und sofort servieren.

Gurkensalat mit gewürztem Schweinefleisch

Ein Salat, der durch die Zugabe von frisch gebratenem Fleisch ein erfrischendes Hauptgericht darstellt. Die feine Würze und die nussigen Sesamsamen machen das Gericht interessant.

Für 4 Portionen

- 1 kleiner Chinakohl, in schmale Streifen geschnitten
- 1 kleine Salatgurke, geschält und gewürfelt
- 1 rote Paprikaschote, entkernt und in Streifen geschnitten
- 3 EL Erdnussöl
- 500 g Schweinefilet, in Streifen geschnitten
- 1–2 TL Chilisauce
- 1 kleine Aubergine, in Scheiben geschnitten
- 1 rote Zwiebel, in Ringe geschnitten
- 1 Knoblauchzehe, gehackt
- 1 grüne Paprikaschote, entkernt und in Streifen geschnitten
- 2 EL helle Sojasauce
- 2 EL geschälte Sesamsamen

Vorbereitungszeit: 15 Minuten
Garzeit: 10 Minuten

❶ Kohlstreifen, Gurkenwürfel und rote Paprika in einer großen Salatschüssel arrangieren und bis zum Gebrauch kalt stellen.

❷ Das Öl in einer Pfanne erhitzen, die Fleischstreifen darin unter Rühren garen und bräunen. Chilisauce und Aubergine dazugeben und unter Rühren braten, bis sie bräunt. Die restlichen Gemüse hinzufügen und kurz anbraten, dann die Sojasauce und die Sesamsamen dazugeben. Den Wokinhalt auf den vorbereiteten Salat geben und servieren.

Grüner Pastasalat

Das Geheimnis eines schmackhaften Salats ist das Dressing. Eine »gesunde« kalorienarme Vinaigrette reicht hier nicht aus.

Für 4–6 Portionen

- 250 g bunte kurze Nudeln (z. B. Fusilli)
- 2 EL kaltgepresstes Olivenöl
- 4 große Frühlingszwiebeln, fein gehackt
- 2 Zucchini, in feine Streifen geschnitten
- ½ Salatgurke, gewürfelt
- 75 g junge Spinatblätter, in Streifen geschnitten

Für das Dressing

- 1 reife Avocado, geschält und kleingeschnitten
- Saft von 1 Zitrone
- 1 EL Mayonnaise (Fertigprodukt)
- 1 EL Schmand
- 1 Knoblauchzehe, zerdrückt
- 75 g Gorgonzola, zerdrückt
- 1 milde grüne Pfefferschote, entkernt und fein gehackt

Vorbereitungszeit: 15 Minuten
Garzeit: 10 Minuten

❶ Die Nudeln nach Packungsanweisung kochen, abgießen, in eine Schüssel füllen und mit dem Olivenöl mischen. Dann die Gemüse dazugeben und vorsichtig unterheben.

❷ Für das Dressing die Avocado mit Zitronensaft mit einer Gabel zerdrücken. Die restlichen Zutaten nach und nach hinzufügen und gut mischen. Das Dressing über die Pasta mit dem Gemüse geben und sofort servieren.

Warmer Salat aus geröstetem Kürbis mit Bohnen

Eine bunte Mischung, die vorzüglich schmeckt. Auch der Kontrast der Formen der Gemüse wirkt appetitanregend.

Für 4 Portionen

- Etwa 700 g Kürbis (mit Schale), entkernt in 2,5 cm dicke Scheiben geschnitten
- Salz und frisch gemahlener Pfeffer
- Olivenöl
- 1 große Zwiebel, fein gehackt
- 1 Knoblauchzehe, fein gehackt
- 400 g stückige Dosentomaten
- 250 g grüne Prinzessbohnen (TK-Ware)
- 8–10 Basilikumblätter

Vorbereitungszeit: 1 Stunde
Garzeit: 15 Minuten

❶ Den Backofen auf 220 °C vorheizen. Die Kürbisscheiben in eine feuerfeste Form legen, mit Salz und Pfeffer würzen, mit Olivenöl beträufeln und etwa 45 Minuten rösten. Abkühlen lassen.

❷ In der Zwischenzeit die Zwiebel in 2 Esslöffeln Öl etwa 5 Minuten andünsten, bis sie weich, aber nicht braun ist. Den Knoblauch und die Tomaten hinzufügen und zum Kochen bringen. Dann die aufgetauten Bohnen hinzufügen und 8–10 Minuten bissfest garen.

❸ Den Kürbis schälen, in mundgerechte Stücke schneiden und zu den Bohnen geben. Abkühlen lassen. Mit Basilikum garniert lauwarm servieren.

Warmer Pilzsalat mit Patissons

Ein ganz besonderer Salat, den man vor allem dann zubereiten sollte, wenn die Baby-Patissons im Angebot sind.

FÜR 4 PORTIONEN

- Gemischte, geschnittene Salatblätter
- 2 EL Knoblauchöl
- 500 g Baby-Patissons, Stiel und Blütenansatz entfernt
- 250 g gemischte frische Pilze (z. B. Maronenpilz, Shiitake und Austernpilz), in Scheiben geschnitten
- 2 Knoblauchzehen, in feine Scheiben geschnitten
- 4 getrocknete Tomaten, in Streifen geschnitten
- 1–2 EL Balsamessig
- Salz und frisch gemahlener Pfeffer
- Mit dem Käsehobel geschabte Locken von frischem Parmesan (nach Geschmack)

Vorbereitungszeit: 15 Minuten
Garzeit: 8 Minuten

❶ Die Salatblätter als Bett auf 4 Tellern anrichten. Eine große Pfanne oder einen Wok erhitzen, dann das Knoblauchöl hineingeben. Die Baby-Patissons unter Rühren 2 Minuten darin braten. Dann die Pilze und den Knoblauch hinzufügen und weitere 2–3 Minuten garen. Die getrockneten Tomaten dazugeben und nochmals gut mischen.

❷ Den Wokinhalt mit dem Schaumlöffel herausnehmen und auf dem Salat verteilen.

❸ Den im Wok verbliebenen Bratensaft mit Balsamessig ablöschen, zum Kochen bringen, mit Salz und Pfeffer abschmecken und als Dressing über den Salat träufeln. Das Gericht nach Geschmack mit frischen Parmesanlocken garnieren.

TIPP

Getrocknete Tomaten gibt es im Beutel oder in Öl eingelegt im Glas. Die in Öl eingelegten Tomaten sind etwas weicher. Die trockene Variante ist meist sehr salzig, was man beim Würzen des Gerichts beachten sollte.

Mit Salat gefüllter Gem Squash

Eine Aufsehen erregende Vorspeise oder ein leichtes Abendessen ist dieser gekühlte, mit knackigem Salat gefüllte kleine Gem Squash, dessen Schale gegart so zart ist, dass man sie mitessen kann.

Für 2 Portionen

- 2 Gem Squash
- 1 Babysalat, in mundgerechte Stücke gepflückt
- 150–200 g gekochte Salatkartoffeln, gewürfelt
- 6 Kirschtomaten, halbiert
- 2 Frühlingszwiebeln, in feine Ringe geschnitten
- 1 Möhre, in feine Streifen geschnitten oder grob geraffelt
- 2 Scheiben gekochter Schinken, ohne Fett, in Streifen geschnitten
- Salz und frisch gemahlener Pfeffer
- 1 EL frisch gehackte Petersilie
- 2 EL Mayonnaise (Fertigprodukt)

Vorbereitungszeit: 15 Minuten
Garzeit: 25 Minuten

❶ Die Gem Squashs mit einer Gabel zwei- bis dreimal anstechen, in kochendem Wasser etwa 20 Minuten garen. Währenddessen alle Salatzutaten fertig machen und in eine Schüssel geben. Die gegarten Squashs aus dem Kochwasser heben und abkühlen lassen. Die Deckel abschneiden und die Kerne mit einem Löffel entfernen. Das Fruchtfleisch auskratzen und zu den Salatzutaten geben. Die Kürbisse außen mit etwas Öl abreiben, damit sie glänzen. Die Salatzutaten salzen, pfeffern und mit der Mayonnaise mischen. Die Squashs mit Salat füllen und die Deckel wieder aufsetzen. Den restlichen Salat um die Kürbisse herum anrichten. Gut durchkühlen lassen.

Salat von Chicorée, Tomate und Melone

Ein süßer und zugleich sehr schmackhafter Salat, der als Vorspeise oder als Beilage dienen kann. Er passt hervorragend zu Kabeljau mit würziger Kürbisfüllung (siehe Rezept auf Seite 59).

Für 4 Portionen

- 2 Chicorée, in einzelne Blätter geteilt
- 4 Strauchtomaten, entkernt und kleingeschnitten
- 2 Frühlingszwiebeln, in feine Ringe geschnitten
- 20 Melonenbällchen von einer reifen Zuckermelone
- 4–6 EL Vinaigrette

Zubereitungszeit: 10 Minuten

❶ Die Chicoréeblätter fächerförmig auf 4 Tellern arrangieren.

❷ Tomaten, Frühlingszwiebeln und Melonenbällchen mischen, mit dem Chicorée arrangieren und mit der Vinaigrette beträufeln. Sofort servieren.

Tipp

Für die Vinaigrette 6 EL kaltgepresstes Olivenöl, 1–2 EL Balsam- oder Sherryessig, 1 TL Dijonsenf und 1 Prise Zucker zusammen in ein Glas mit Schraubverschluss geben und kräftig durchschütteln.

Mit Salat gefüllter Gem Squash

Salat von gerösteter Paprika mit Kürbis

Salate mit gerösteten Paprikaschoten sind sehr beliebt, denn die Zubereitung macht sie bekömmlich. Die Paprika ist leicht gegart und kann problemlos gehäutet werden. Der Kürbis sollte festfleischig sein.

FÜR 4 PORTIONEN

- 4 gemischte Paprikaschoten
- 500–600 g festfleischiger Kürbis, in 2,5 cm breite Scheiben geschnitten und entkernt
- gemischte Salatblätter, mundgerecht zerpflückt

FÜR DAS DRESSING

- 6 EL kaltgepresstes Olivenöl
- 2 EL Sherryessig
- 1 Knoblauchzehe, zerdrückt
- Salz und frisch gemahlener Pfeffer
- 1 Prise Zucker
- 1 EL frisch gehackte Basilikumblätter

Vorbereitungszeit: 30 Minuten
Garzeit: 40 Minuten
Marinierzeit: 30 Minuten

❶ Den Backofen auf 220 °C vorheizen. Paprikaschoten und Kürbis in eine feuerfeste Form legen und etwa 40 Minuten auf der obersten Einschubleiste rösten, bis die Schoten schwarz zu werden beginnen und die Haut Blasen wirft. Die Schoten zwischendurch einmal wenden.

❷ Den Kürbis aus der Form nehmen. Die Schote sofort mit einem feuchten Tuch bedecken. Wenn die Häute nach etwa 15 Minuten abgekühlt sind, sofort abziehen, die Schoten aufschneiden und die Kerne entfernen. Die Schale vom Kürbis schneiden.

❸ Den Kürbis in Stücke, die Paprika in Streifen schneiden, zusammen in eine Schüssel geben und gut mischen. Die gemischten Salatblätter als Bett auf 4 Teller verteilen. Kürbis und Paprika darüber anrichten.

❹ Die Zutaten für das Dressing in ein Glas mit Schraubverschluss geben, kräftig schütteln und das Dressing über den Salat träufeln.

TIPP

Für eine bunte Mischung sollte man je eine rote, grüne, gelbe und orangefarbene Paprikaschote nehmen.

Salat von geröstetem Kürbis mit Zucchini

Ein sättigender, exotischer Salat, der gut zu einem kalten Büfett passt. Butternusskürbis ist besonders gut dafür geeignet, in jedem Fall aber sollte es ein festfleischiger Kürbis sein.

FÜR 6 PORTIONEN
- 1 Butternusskürbis (etwa 1 kg), längs halbiert
- Salz und frisch gemahlener Pfeffer
- Olivenöl
- 400 g Zucchini, in Scheiben geschnitten
- 75 g Kürbiskerne, nach Geschmack geröstet

FÜR DAS DRESSING
- 3 EL Olivenöl
- 2 EL Weißweinessig
- 1 grüne Pfefferschote, entkernt und fein gehackt
- 1 TL Chilisauce
- 1 Prise gemahlener Kreuzkümmel
- 1 Prise Zimtpulver
- 2 EL frisch gehackter Cilantro

Vorbereitungszeit: 20 Minuten
Garzeit: 40 Minuten

❶ Den Backofen auf 220 °C vorheizen. Das faserige Innere und die Kerne aus dem Kürbis entfernen. Die Hälften in eine feuerfeste Form legen, mit Salz und Pfeffer würzen, mit Olivenöl beträufeln und 30–35 Minuten rösten.

❷ In der Zwischenzeit die Zucchinischeiben in 4–6 EL Öl ausbraten, bis sie so eben braun werden. In eine große Salatschüssel geben. Das verbliebene Bratöl mit den Zutaten für das Dressing in ein Glas mit Schraubverschluss füllen und kräftig durchschütteln.

❸ Das abgekühlte Fleisch aus der Kürbisschale lösen, in Stücke schneiden und mit den Zucchinischeiben und den Kürbiskernen mischen. Das Dressing darüber geben und vor dem Servieren durchmischen.

TIPP

Verwenden Sie immer nur das feste Kürbisfleisch.

Bulgursalat mit Gurke und Kürbis

»Tabbouleh« heißt der in den Ländern des Nahen Ostens beliebte Salat mit Bulgur – einem nach Nuss schmeckenden Weizenschrot, das es längst auch hier in gut sortierten Supermärkten zu kaufen gibt. Der verwendete Kürbis sollte möglichst festfleischig sein, damit die Stücke nicht völlig zerfallen.

Für 8 Portionen

- 150 g Bulgur, nach Packungsanweisung zubereitet
- ½ Salatgurke, sehr klein gewürfelt
- 200 g festfleischiger Kürbis, im Ofen gegart
- 2 EL gehackte frische Petersilie
- 3 EL gehackter frischer Liebstöckel
- 2 Strauchtomaten, entkernt und sehr klein gewürfelt
- 2 dünne Frühlingszwiebeln, in feine Ringe geschnitten
- 50 g geröstete Mandeln, gehackt
- Saft von 1 Zitrone
- Salz und frisch gemahlener Pfeffer
- 5 EL kaltgepresstes Olivenöl

Zubereitungszeit: 45 Minuten

❶ Den zubereiteten Bulgur durch ein frisches Küchenhandtuch abgießen, ausdrücken und in eine Salatschüssel geben.

❷ Alle anderen Zutaten dazugeben. Gut durchmischen, mit Salz und Pfeffer kräftig abschmecken, etwas durchziehen lassen und nicht zu kalt servieren.

Salat mit Kidneybohnen und Kürbis

Ein Tex-Mex-Salat mit den klassischen Zutaten Kürbis, rote Bohnen und Tomaten. Man kann auch das Fleisch des großen Laternenkürbis nehmen; schmackhafter ist jedoch ein kleiner festfleischiger Kürbis.

Für 4 Portionen

- 3 EL Olivenöl
- 1 TL Chilipulver
- ¼ TL gemahlener Kreuzkümmel
- 250 g gekochter Kürbis, gehackt
- 1 Römersalat, in mundgerechte Stücke zerteilt
- 400 g rote Kidneybohnen (Dose), abgespült und gut abgetropft
- 4 Frühlingszwiebeln, in Ringe geschnitten
- 4 Strauchtomaten, ohne Kerne, in kleine Würfel geschnitten
- 1 große reife Avocado, geschält und gewürfelt
- abgeriebene Schale und Saft von 1 unbehandelten Limette oder Zitrone
- 1 milde grüne Pfefferschote, entkernt und sehr fein gehackt
- Salz und frisch gemahlener Pfeffer
- 4 EL Vinaigrette
- Tortilla-Chips als Beilage

Vorbereitungszeit: 15 Minuten

Garzeit: 5 Minuten

❶ Das Olivenöl in einem Wok oder einer schweren Pfanne erhitzen. Chilipulver und Kreuzkümmel gut mischen, den gekochten Kürbis darin wenden und dann im heißen Öl kurz unter Rühren anbraten.

Mit dem Schaumlöffel aus dem Wok heben, in eine Schüssel geben und abkühlen lassen.

❷ Den Boden einer Salatschüssel mit dem Römersalat auslegen. Alle übrigen Salatzutaten zu den Kürbisstücken geben und vorsichtig mischen. Die Vinaigrette darüber gießen, nochmals gut mischen, über dem Römersalat anrichten und mit Tortilla-Chips servieren.

Tipp

Für die Vinaigrette 6 EL kaltgepresstes Olivenöl, 1–2 EL Balsam- oder Sherryessig, 1 TL Dijonsenf und 1 Prise Zucker in ein Glas mit Schraubverschluss geben und durchschütteln. Man kann von dieser Vinaigrette eine größere Menge zubereiten, denn sie hält sich im Kühlschrank einige Zeit.

Ratatouille mit Melone und Kürbis

Diese Ratatouille ist ganz besonders delikat, da ich die traditionell verwendete Aubergine durch Kürbis ersetzt und außerdem ein paar fruchtige Melonenbällchen hinzugefügt habe, was dem lauwarm servierten Gemüsesalat eine interessante Note verleiht.

Für 8 Portionen

- 1 große Zwiebel, in Ringe geschnitten
- 250 festes Kürbisfleisch (z. B. Butternuss, Potimarron oder Moschuskürbis), gewürfelt
- 4 EL Olivenöl
- 2 Zucchini, in Scheiben geschnitten
- 1 grüne Paprikaschote, entkernt und gewürfelt
- 2–3 große Knoblauchzehen, in feine Scheiben geschnitten
- 800 g stückige Dosentomaten
- Salz und frisch gemahlener Pfeffer
- 1 EL gehackter frischer Liebstöckel oder 2–3 EL gehackte frische Basilikumblätter
- 150 g Melonenbällchen (Honig- oder Wassermelone)

Vorbereitungszeit: 20 Minuten
Garzeit: 20–25 Minuten

❶ Zwiebel und Kürbisfleisch im Öl anbraten, bis sie leicht bräunen, dann die Zucchini, den Paprika und den Knoblauch dazugeben und das Ganze etwa 5 Minuten schmoren lassen.

❷ Die Tomaten hinzufügen, salzen und pfeffern und zum Kochen bringen. Bei schwacher Hitze im offenen Topf etwa 10 Minuten köcheln lassen, bis die Sauce leicht eingekocht ist, aber die Gemüse noch bissfest sind.

❸ Den Liebstöckel oder das Basilikum sowie die Melonenbällchen unterrühren und das Ratatouille vor dem Servieren auf Zimmertemperatur abkühlen lassen.

Spinatsalat mit Feta und Kürbis

Die zarte Struktur und der leicht süßliche Geschmack von Kürbis sind eine vorzügliche Ergänzung des herben Geschmacks von jungen Spinatblättern und der milden Säure des griechischen Fetas.

Für 4 Portionen

- 3 EL Pinienkerne
- 100 g frische junge Spinatblätter
- 75 g Rucola
- 24 Kirschtomaten, halbiert
- 200 g gekochter Kürbis, gewürfelt
- 175 g Feta, gewürfelt
- Salz und frisch gemahlener Pfeffer
- kaltgepresstes Olivenöl

Vorbereitungszeit: 10 Minuten

❶ Eine kleine beschichtete Pfanne erhitzen. Die Pinienkerne darin trocken 1–2 Minute rösten, bis sie leicht gebräunt sind. Anschließend auf Küchenpapier ausbreiten und abkühlen lassen.

❷ Die Spinat- und Rucolablätter auf 4 Salatteller verteilen. Dann die Kirschtomaten, den Kürbis und den Feta gleichmäßig darauf arrangieren. Kräftig salzen und pfeffern und die Pinienkerne darüber streuen.

❸ Den Salat mit Olivenöl beträufeln und sofort servieren.

Tipp

Kürbis und Feta in gleich große Würfel schneiden.

Fischgerichte

Lasagne mit Garnelen und Zucchini

Ich gebe viel roh geraspelte Zucchini an diese Lasagne, denn sie verleiht dem Gericht eine herrliche Saftigkeit. Auch die Tomaten verwende ich mit allem Saft, damit die frische Pasta gut durchgart.

Für 4 Portionen

- 1 Zwiebel, fein gehackt
- 2 EL Olivenöl
- 1 Knoblauchzehe, zerdrückt
- 1 EL frische Thymianblätter
- 100 ml trockener Weißwein
- 400 g stückige Tomaten (Dose)
- Salz und frisch gemahlener Pfeffer
- 350 g Zucchini, grob geraffelt
- 400 g frische Garnelen, geschält und ohne Darm
- 450 g Frischkäse
- 75 g frischer Ziegenkäse, zerdrückt
- 10–12 frische Lasagneblätter

Vorbereitungszeit: 30 Minuten
Garzeit: 30 Minuten

❶ Den Backofen auf 200 °C vorheizen. Währenddessen eine Lasagneform passender Größe mit Butter ausstreichen.

❷ Das Öl erhitzen, die Zwiebel darin einige Minuten angehen lassen, Knoblauch und Thymian hinzufügen und mit dem Wein ablöschen. Bis auf etwa 1 EL einkochen und die Tomaten dazugeben. Kräftig mit Salz und Pfeffer würzen. Anschließend die Zucchini und die Garnelen hineingeben.

❸ Den Frischkäse und den Ziegenkäse miteinander verrühren, eventuell mit Pfeffer und Salz nachwürzen.

❹ Die Hälfte der Zucchini-Garnelen-Mischung in die Lasagneform füllen und mit einer Lage Lasagneblätter abdecken. Die Schichtung wiederholen, zuletzt die Käsemischung auf die Lasagne streichen.

❺ Die Lasagne etwa 30 Minuten backen, bis der Käse gebräunt ist. Sofort heiß auftragen.

Kürbis mit Garnelen

Diesem Rezept, das zu meinen Lieblingsgerichten gehört, liegt ein Klassiker zugrunde, für den man Süßkartoffeln verwendet, die ich durch festfleischigen Kürbis ersetzt habe. Soll es nur ein leichtes Gericht sein, reicht man einen gemischten Salat dazu. Wünscht man etwas mehr Substanz, kann man außerdem bissfest gekochten Langkornreis oder – als sehr edle Beilage – Wildreis dazureichen.

Für 4 Portionen

- 5 EL Olivenöl
- 700 g festfleischiger Kürbis, in 2,5 cm große Würfel geschnitten
- 4 Scheiben roher, geräucherter Schinken, gewürfelt
- 300 ml Gemüsebrühe
- 1 EL frische Thymianblätter
- Salz und frisch gemahlener Pfeffer
- 50 g Butter
- 20 frische große Garnelen, geschält und ohne Darm
- 1–2 große Knoblauchzehen, zerdrückt
- 3 EL Weißweinessig
- Thymianblätter zum Garnieren

Vorbereitungszeit: 15 Minuten
Garzeit: 30 Minuten

❶ Das Öl in einer großen Pfanne erhitzen und den Kürbis darin etwa 10 Minuten garen, bis er leicht bräunt und weich wird. Nach etwa 5 Minuten den Schinken dazugeben. Die Brühe angießen, salzen, pfeffern und Thymian hinzufügen. Bedeckt etwa 15 Minuten köcheln lassen, bis der Kürbis bissfest ist.

❷ In einer anderen Pfanne die Butter zerlassen. Garnelen und Knoblauch darin etwa 3 Minuten garen, bis sie völlig rosa sind. (Bereits gegarte Garnelen sollten nur vorsichtig erhitzt werden.)

❸ Die Garnelen samt Garflüssigkeit zum Kürbis geben, vorsichtig mischen und abschmecken. Sofort mit frischem Thymian garniert servieren.

Kürbiscurry mit Crabmeat und Mandeln

In Indien bezeichnet Curry kein Gewürz, sondern jedes Gericht, das mit einer Garam masala genannten Gewürzmischung aromatisiert ist. Bei uns sind solche Gewürzmischungen unter dem Namen Curry in milder oder scharfer bis sehr scharfer Variante im Handel. Am schmackhaftesten und intensivsten sind Currypasten.

Für 4 Portionen

- 1 Zwiebel, gehackt
- 2 Knoblauchzehen, zerdrückt
- 1 Stück frische Ingwerwurzel (5 cm), geschält und grob gehackt
- 1 EL mildes Currypulver
- 3 EL Erdnussöl
- 3 EL abgezogene Mandeln
- 150 g Kürbisfleisch, gewürfelt
- 175 ml Milch
- 150 ml Kaffeesahne
- 300 g Crabmeat aus der Konserve
- Salz
- 2–3 EL gehackte Cilantro

Vorbereitungszeit: 30 Minuten
Garzeit: 30 Minuten

❶ Zwiebel, Knoblauch und Ingwer im Cutter zu einer Paste verarbeiten und das Currypulver damit verrühren. Das Öl in einer großen Pfanne erhitzen und die Mandeln darin goldbraun rösten. Mit einem Schaumlöffel herausnehmen und beiseite stellen.

❷ Den Kürbis in das Öl geben und bei mittlerer Hitze etwa 4 Minuten braten, bis er weich und braun wird. Die Currypaste dazugeben. Die Hitze reduzieren und den Kürbis unter ständigem Wenden weitere 5 Minuten garen.

❸ Milch und Sahne einrühren, das Crabmeat und die Mandeln dazugeben. Das Ganze erhitzen, aber nicht mehr kochen lassen. Den Cilantro einrühren und sofort servieren.

Seeteufel mit Kürbis und Reis

Statt das Gericht auf Reis zu servieren, kann man es auch als Füllung in Weizenmehltortillas oder zarte Crêpes geben.

Für 4 Portionen

- 400–500 g festfleischiger Kürbis, in Würfel geschnitten
- 4 Tomaten, halbiert
- 2 Knoblauchzehen
- 1 Zwiebel, geviertelt
- 2 rote Pfefferschoten, entkernt und halbiert
- 2–3 Stängel Basilikum
- 3–4 Oreganozweige
- Salz und frisch gemahlener Pfeffer
- Zucker
- Olivenöl
- 500–600 g Seeteufel
- 275 g Langkornreis
- Basilikumblätter zum Garnieren

Vorbereitungszeit: 15 Minuten
Garzeit: 40 Minuten

❶ Den Backofen auf 220 °C vorheizen. Den Kürbis in die Ecke einer großen feuerfesten Schale geben, die übrigen Gemüse daneben einlegen. Basilikum und Oregano zwischen die Tomaten stecken. Alle Gemüse salzen und pfeffern, die Tomaten zusätzlich ein wenig zuckern und alles mit Öl beträufeln. Etwa 30 Minuten rösten, bis der Kürbis weich ist.

❷ Den Seeteufel häuten, salzen, in eine passende feuerfeste Form legen, mit Öl beträufeln und neben dem Gemüse etwa 15 Minuten in den Backofen geben. Außerdem den Reis nach Packungsanweisung bissfest kochen.

❸ Die gegarten Gemüse, mit Ausnahme des Kürbis, in einen Mixer geben und pürieren, dann durch ein Sieb streichen und nach Geschmack nachwürzen.

❹ Den Reis auf 4 vorgewärmte Teller verteilen. Den Seeteufel von der Gräte lösen und zusammen mit dem Kürbis auf dem Reis arrangieren. Von der Gemüsecoulis darüber träufeln und mit frischem Basilikum garniert servieren. Nach Geschmack außerdem einen grünen Mischsalat dazureichen.

Risotto mit frischem Thunfisch und Zucchini

Schon ein einfacher Risotto kann eine Köstlichkeit darstellen. Wenn man den Risotto jedoch zusätzlich durch etwas frischen Thunfisch anreichert, der in Zitronensaft, Olivenöl und Knoblauch mariniert wurde, wird daraus ein kleines Festessen.

Für 4 Portionen

- 500 g frischer Thunfisch, in 2,5 cm große Würfel geschnitten
- abgeriebene Schale und Saft von 2 unbehandelten Zitronen
- 2 Knoblauchzehen, zerdrückt
- 6 EL Olivenöl
- 1 große Zwiebel, fein gehackt
- 250 g Risottoreis (z. B. Arborio)
- 1,2 l Fischfond oder Gemüsebrühe
- 500 g Zucchini, grob geraffelt
- Salz und frisch gemahlener Pfeffer
- frisch geriebener Parmesan

Vorbereitungszeit: 10 Minuten
Marinierzeit: mindestens 60 Minuten
Garzeit: 25 Minuten

❶ Den Thunfisch in eine Schale legen, mit der Zitronenschale bestreuen, den Zitronensaft darüber gießen. 1 zerdrückte Knoblauchzehe und 3 Esslöffel Öl hinzufügen, alles gut mischen und die Schale bedeckt für mindestens 1 Stunde in den Kühlschrank stellen. (Lässt man sie 24 Stunden stehen, ist der Fisch wie vorgegart und muss quasi nur noch erhitzt werden.)

❷ Das restliche Öl in einem Topf erhitzen und die Zwiebel darin 4 Minuten andünsten. Den Reis dazugeben und andünsten, bis er glasig ist. Dann ein Drittel des Fonds oder der Brühe angießen und zum Kochen bringen. Bei schwacher Hitze unter gelegentlichem Rühren köcheln lassen, bis die Flüssigkeit aufgebraucht ist, dann ein weiteres Drittel der Flüssigkeit angießen. Weiter köcheln lassen, bis die Flüssigkeit aufgesogen ist.

❸ Den Thunfisch samt Marinade hinzugeben und erneut etwa 3 Minuten köcheln lassen. Die geraffelte Zucchini dazugeben und während der restlichen Garzeit von weiteren 3 bis 4 Minuten so viel von der verbliebenen Brühe nehmen, wie der Reis benötigt.

❹ Den Risotto mit Salz und Pfeffer abschmecken, sofort heiß servieren und bei Tisch nach Geschmack mit frisch geriebenem Parmesan bestreuen.

Tipp

Statt des Thunfischs kann man Schwertfisch, Seeteufel oder auch einen anderen Fisch mit festem Fleisch verwenden.

Kabeljau mit würziger Kürbisfüllung

Frisches Filet von Kabeljau oder Dorsch, wie der junge Kabeljau genannt wird, ist eine ideale Ergänzung der scharfen Kürbisfarce. Für diese kann man weichfleischigen Laternenkürbis oder Gelben Zentner nehmen, den man bereits vorab zu Püree gekocht hat.

Für 4 Portionen

- 4 Kabeljaufilets, je etwa 175 g
- 2 rote Pfefferschoten, entkernt und sehr fein gehackt
- 2 Knoblauchzehen, gehackt
- 2 EL entsteinte schwarze Oliven, gehackt
- 4 EL dickes Kürbispüree
- Salz und frisch gemahlener Pfeffer
- 3 EL Erdnussöl
- 2 TL Butter

Vorbereitungszeit: 10 Minuten
Garzeit: 12–15 Minuten

❶ Den Backofen auf 220 °C vorheizen. Den Kabeljau oben in der Mitte auf-, aber nicht durchschneiden. Es soll nur eine Tasche für die Füllung entstehen.

❷ Für die Füllung Pfefferschoten, Knoblauch, Oliven und Kürbispüree mischen und mit Salz und Pfeffer abschmecken. Die Farce auf die Fischfilets verteilen und etwas in die vorbereitete Tasche drücken.

❸ Eine feuerfeste Form im Backofen erhitzen, Öl und Butter hineingeben und gut mischen. Die Fischfilets mit der Füllung nach oben in die Form setzen und im Ofen 6–8 Minuten überbacken, bis der Fisch gar ist. (Man kann die Filets auch in der Pfanne zubereiten. Dann bei aufgelegtem Deckel garen.)

Gegrillte Sardinen mit Spaghettikürbis

Fangfrische Sardinen sind eine Köstlichkeit, deren Geschmack man durch nichts anderes stören sollte. Ich serviere Spaghettikürbis dazu, den ich allerdings fein gewürfelt habe und mit Tomaten und Oliven in Olivenöl in der Pfanne gare, sodass seine typische Eigenschaft – beim Kochen in spaghettiähnliche Fasern zu zerfallen – nicht zum Tragen kommt.

Für 4 Portionen

- 2 EL kaltgepresstes Olivenöl
- 1 TL Butter
- 1 kleiner Spaghettikürbis (etwa 800 g), geschält, entkernt und in 1 cm große Würfel geschnitten
- 12 frische Sardinen, küchenfertig
- 2 große Tomaten, entkernt und fein gewürfelt
- 12 schwarze Oliven, entsteint und grob gehackt
- Salz und frisch gemahlener Pfeffer

Vorbereitungszeit: 10 Minuten
Garzeit: 10 Minuten

❶ Den Backofengrill vorheizen. Öl und Butter zusammen erhitzen und den Kürbis unter ständigem Wenden darin etwa 4 Minuten dünsten. Währenddessen die Sardinen auf jeder Seite etwa 2–3 Minuten grillen, vorher mit etwas Öl beträufeln.

❷ Die Tomatenwürfel und die Oliven zum Kürbis geben und lediglich erhitzen. Mit Salz und Pfeffer abschmecken. Das Gemüse auf 4 vorgewärmte Teller verteilen, jeweils 3 Sardinen darauf arrangieren und sofort servieren.

Spaghettikürbis mit ausgebackenem Schellfisch

Spaghettikürbis ist ein Sonderling, dessen mildaromatisches Fruchtfleisch beim Garen in lange Fasern zerfällt, die an die italienischen Nudeln erinnern. Das gelingt am besten, wenn der vorgegarte Kürbis einige Stunden trocknen konnte. Die Fasern kleben dann nicht im heißen Fett zusammen.

Für 3 Portionen

- ½ Spaghettikürbis
- 500 g Schellfischfilet, in drei Stücke geteilt
- 2 EL Mehl mit Salz und Cayennepfeffer vermischt
- Öl zum Frittieren
- Zitronenachtel als Garnierung

Für den Bierteig

- 100 g Mehl
- 2 TL scharfe Chilisauce
- 3 EL Sonnenblumenöl
- 250 ml Bier
- 1 Eiweiß

Vorbereitungszeit: 20 Minuten
Trockenzeit: bis zu 4 Stunden
Garzeit: 10–15 Minuten

❶ Die Kerne aus dem längs halbierten Spaghettikürbis entfernen. Den Kürbis in kochendes Salzwasser geben und darin 5 Minuten kochen. Herausnehmen, abtropfen und abkühlen lassen, bis man ihn anfassen kann.

❷ Den Kürbis über ein mit Küchenpapier ausgelegtes Backblech halten, mit einer Gabel die Fasern herausziehen und locker auf das Blech gleiten lassen. Die Fasern in der warmen Küche etwa 4 Stunden trocknen lassen oder etwa 2 Stunden im Backofen bei 100 °C. Aufpassen, dass er nicht zu trocken und zu hart wird.

❸ Für den Ausbackteig Mehl, Chilisauce, Sonnenblumenöl und Bier zu einem glatten Teig verrühren und bis zum Gebrauch zugedeckt stehen lassen.

❹ Das Öl in einer Fritteuse auf 180 °C erhitzen. Das Eiweiß steif schlagen und unter den Ausbackteig heben. Die Fischstücke durch den Teig ziehen und im Öl etwa 5 Minuten frittieren, bis der Teig goldbraun und knusprig ist. Den Fisch auf Küchenpapier abtropfen lassen.

❺ Den Kürbis mit dem gewürzten Mehl überstäuben, dann portionsweise in das Frittieröl geben und einige Sekunden frittieren, bis er kross ist. Mit der Schaumkelle herausheben und auf Küchenpapier abtropfen lassen.

❻ Fisch und Kürbis auf angewärmten Tellern arrangieren, mit Zitronenachteln garnieren und sofort servieren.

Scholle mit Kürbis-Zucchini-Sauce

Scholle oder Goldbutt sind beliebte Plattfische mit zartem, fettarmem Fleisch. Mit Kürbis und Käse überbacken wird ein leckeres Herbstgericht daraus. Geeignet ist festfleischiger Kürbis, der beim Vorkochen nicht zerfällt – beispielsweise Butternuss, Potimarron oder Moschuskürbis.

FÜR 2 PORTIONEN

- 2 Schollenfilets, je etwa 175 g
- Salz und frisch gemahlener weißer Pfeffer
- 1 EL Sonnenblumenöl
- 1 TL Butter
- 100 g gekochter Kürbis, gewürfelt
- 2 Scheiben Vollkorntoast, im Cutter zerkleinert
- 2 EL frisch geriebener Cheddar
- 3 Frühlingszwiebeln, in Ringe geschnitten
- 1 Zucchino, fein geraspelt
- 100 ml Kaffeesahne
- 2 EL frisch gehackte Petersilie

Vorbereitungszeit: 10 Minuten
Garzeit: 12 Minuten

❶ Den Backofen auf 220 °C vorheizen. Die Schollenfilets auf beiden Seiten salzen und pfeffern. Öl und Butter zusammen in einer Pfanne erhitzen, den Fisch darin mit der Hautseite nach oben kurz anbraten, dann vorsichtig mit der Hautseite nach unten in eine mit Butter ausgestrichene feuerfeste Form legen.

❷ Kürbis, zerkleinertes Toastbrot und Käse mischen und gleichmäßig über den Fischfilets verteilen. Im Ofen etwa 5 Minuten überbacken, bis der Käse schmilzt und ganz leicht bräunt.

❸ In die Pfanne, in der der Fisch vorgegart wurde, eventuell etwas mehr Öl und Butter geben und erhitzen. Frühlingszwiebeln und Zucchiniraspel darin 3–4 Minuten angehen lassen.

❹ Die Sahne angießen und zum Kochen bringen. Dann mit dem Mixstab vorsichtig zu einer homogenen dicken Sauce pürieren (oder in den Mixer umfüllen und darin pürieren). Die Petersilie unterrühren, mit Salz und Pfeffer abschmecken und zu der überbackenen Scholle servieren.

Fischfrikadellen mit Zucchinisalat

Zu den lockeren, delikaten Fischfrikadellen passt hervorragend ein knackiger Salat aus rohem Gemüse. Ein Fleischwolf mit grober Scheibe ist ideal für die Zubereitung des Fischteigs.

FÜR 4 PORTIONEN
- 1 Möhre, in Julienne geschnitten
- 2 Zucchini, in Julienne geschnitten
- 4 Frühlingszwiebeln, in Julienne geschnitten
- 2 Tomaten, entkernt, kleingeschnitten
- 1 Pfefferschote, entkernt und sehr fein gehackt
- 2 EL asiatische Fischsauce
- 1 EL helle Sojasauce
- Saft von 1 Zitrone

FÜR DIE FISCHFRIKADELLEN
- 100 g Vollkorntoast
- Milch
- 4 Frühlingszwiebeln, in Ringe geschnitten
- 1 EL Erdnussöl
- 250 g Lachsfilet
- 250 g Hokifilet
- 75 g Zucchini, kleingeschnitten
- 2 EL Mayonnaise (Fertigprodukt)
- Salz und frisch gemahlener Pfeffer

FÜR DIE PANADE
- 50 g gemahlene Mandeln
- 75 g Paniermehl
- Öl zum Braten

Vorbereitungszeit: 30–40 Minuten
Garzeit: 10 Minuten

❶ Alle Zutaten für den Salat in eine Schüssel geben, mischen und beiseite stellen.

❷ Das Toastbrot mit Milch übergießen und einweichen. Die Frühlingszwiebel im Öl weich dünsten, aber nicht bräunen. Abkühlen lassen.

❸ Den Fisch einmal durch die grobe Scheibe des Fleischwolfs treiben. Das Toastbrot ausdrücken und zusammen mit Frühlingszwiebel und Zucchini ebenfalls durch den Wolf drehen. (Oder das ausgedrückte Toastbrot, Frühlingszwiebel und Zucchini im Cutter zerkleinern und den Fisch mit einem schweren Messer fein hacken.) Die Mayonnaise dazugeben, kräftig salzen und pfeffern und anschließend zu einem Teig vermengen.

❹ Die Mandeln und das Paniermehl gut mischen, den Fischteig in kleine Frikadellen formen und mit beiden Seiten in die Panade drücken.

❺ Öl in einer Pfanne erhitzen und die Fischfrikadellen darin auf beiden Seiten jeweils etwa 4 Minuten braten. Den Gemüsesalat nochmals mischen, auf Teller verteilen und die Frikadellen darauf anrichten.

Kürbispie nach Fischerart

Eine Mischung aus frischen Seefischfilets – etwa Lachs, Hoki und Schellfisch oder Kabeljau – ist für den Pie bestens geeignet. Verwenden Sie jedoch keine geräucherten Fische, da ihr Geschmack zu stark dominiert.

Für 4 Portionen

- 4 Frühlingszwiebeln, fein geschnitten
- 3 EL Erdnussöl
- 350 g Kürbisfleisch, gewürfelt
- 700 g gemischtes Fischfilet, in kleine Würfel geschnitten
- 150 ml Crème fraîche oder Schmand
- Salz und frisch gemahlener weißer Pfeffer
- 2 EL frisch gehackte Petersilie
- 10–12 Blatt Filoteig oder Strudelteig
- 50 g Butter, zerlassen

Zubereitungszeit: 20 Minuten
Garzeit: 40 Minuten

❶ Den Backofen auf 190 °C vorheizen. Eine Pieform von 20 cm Durchmesser mit Butter ausstreichen.

❷ Die Frühlingszwiebeln in einem Topf im Erdnussöl 2–3 Minuten andünsten, ohne sie zu bräunen. Den Kürbis dazugeben und etwa 5 Minuten angehen lassen, bis er weich zu werden beginnt. Den Topf vom Herd nehmen. Die Fischwürfel und die Crème fraîche einrühren. Die Masse mit Salz und Pfeffer würzen und die Petersilie untermischen.

❸ Die Pieform mit 6 der Filoblätter auslegen, jedes Blatt mit zerlassener Butter bestreichen, ehe man das nächste darüber legt. Die Fisch-Kürbis-Füllung auf die Filoblätter geben und mit den restlichen Filoblättern, die ebenfalls mit zerlassener Butter bestrichen werden, bedecken.

❹ Den über den Rand der Form hängenden Filoteig zusammenrollen und fest andrücken. Die Oberfläche mit zerlassener Butter bestreichen und mit einer Gabel oder einem Messer mehrmals einstechen.

❺ Den Pie 30–40 Minuten backen, bis der Teig knusprig und goldbraun ist. Sofort servieren und nach Geschmack einen grünen Salat dazureichen.

Tipp

Wenn man mit Filo- oder Strudelteig arbeitet, sollte man die einzelnen Teigblätter mit einem feuchten Tuch bedeckt halten, sie trocknen dann nicht so leicht aus. Wer nicht auf seine Linie achten muss, kann auch Blätterteig verwenden.

Muscheln und Kürbis mit Tomatenspaghetti

Spaghetti und Taglierini – sehr schmale langen Bandnudeln – werden in Italien gern mit Saucen kombiniert, die Meeresfrüchte enthalten. Für dieses Rezept empfehle ich bereits aus den Schalen gelöste Muscheln aus der Tiefkühltruhe, die praktisch keine Arbeit machen.

Für 4 Portionen

- 350 g Spaghetti oder Taglierini
- 3 EL kaltgepresstes Olivenöl
- 1 große Zwiebel, fein gehackt
- 250 g festfleischiger Kürbis, gewürfelt
- 1 Knoblauchzehe, gehackt
- 400 g stückige Dosentomaten
- Salz und frisch gemahlener Pfeffer
- 250 g ausgelöste Muscheln (aufgetaute TK-Ware)
- 10–12 frische Basilikumblätter

Vorbereitungszeit: 10 Minuten
Garzeit: 20 Minuten

❶ Die Nudeln nach Packungsanweisung in reichlich Salzwasser bissfest kochen.

❷ Während die Nudeln kochen, das Öl erhitzen und die Zwiebel darin andünsten, aber nicht bräunen. Den Kürbis dazugeben und weitere 3–4 Minuten unter Rühren garen. Den Knoblauch und die Tomaten hinzufügen. Salzen und pfeffern und die Sauce etwa 10 Minuten bei schwacher Hitze köcheln lassen. Die Muscheln dazugeben, erhitzen und 2 Minuten köcheln lassen.

❸ Die bissfesten Nudeln abgießen, gut abtropfen lassen und in eine vorgewärmte Schüssel geben. Das Basilikum in die fertige Sauce einrühren. Die Sauce über die Nudeln gießen. Vorsichtig, aber gründlich mischen und sofort heiß servieren.

Forelle mit Kürbis und Zucchini

Forellen sind beliebte und unkomplizierte Fische, die am besten schmecken, wenn sie frisch aus dem Zuchtteich kommen; allerdings ist auch Tiefkühlware empfehlenswert. Für das Kürbisgemüse sollte man einen festfleischigen Kürbis wählen.

Für 4 Portionen

- 40 g Butter
- 1 EL Olivenöl
- 1 Zucchino, gewürfelt
- 200 g festfleischiger Kürbis, gegart und gewürfelt
- 4 Regenbogenforellen, je etwa 250–300 g
- abgeriebene Schale und Saft von 2 unbehandelten Orangen
- 1–2 EL Crème fraîche
- Salz und frisch gemahlener Pfeffer

Vorbereitungszeit: 15 Minuten
Garzeit: 25 Minuten

❶ Butter und Öl zusammen in einer Pfanne erhitzen und Zucchini- und Kürbiswürfel darin 3–4 Minuten dünsten. Mit dem Schaumlöffel herausheben und in eine vorgewärmte Schale geben.

❷ Falls nötig etwas mehr Butter und Öl in die Pfanne geben und die Forellen auf jeder Seite etwa 5 Minuten darin braten.

❸ Falls nur zwei Forellen in die Pfanne passen, die bereits gegarten Fische im Backofen warm halten.

❹ Die Gemüsewürfel wieder in die Pfanne geben, Orangenschale und -saft hinzufügen. Einkochen lassen, dann die Crème fraîche dazugeben.

❺ Die Sauce mit Salz und Pfeffer abschmecken und sofort heiß zu den Forellen servieren.

Gegrillte Makrele mit Apfel-Gurken-Salsa

Makrelen sind eine Quelle der wichtigen Omega-3-Öle, die Cholesterin abzubauen helfen. Die würzige Salsa mit säuerlichen Gurken und Äpfeln passt gut zu den relativ fetten Fischen.

Für 4 Portionen

- 8 frische Makrelenfilets
- 1 EL kernige Haferflocken

Für die Salsa

- 1 EL Senfkörner
- 2 säuerliche Tafeläpfel, entkernt und gewürfelt
- ½ Salatgurke, entkernt und gewürfelt
- abgeriebene Schale und Saft von 2 unbehandelten Orangen
- 1 Möhre, gewürfelt
- 1 scharfe rote Pfefferschote, entkernt und sehr fein gehackt
- 2 Strauchtomaten, entkernt und gewürfelt
- 1 EL Weißweinessig
- Salz und frisch gemahlener Pfeffer

Vorbereitungszeit: 45 Minuten
Garzeit: 10 Minuten

❶ Eine kleine beschichtete Pfanne erhitzen. Die Senfkörner darin trocken etwa 1 Minute rösten, bis sie leicht gebräunt sind und duften. Abkühlen lassen und im Mörser leicht zerstoßen. Die anderen Zutaten für die Salsa hinzufügen, gut mischen und stehen lassen.

❷ Den Backofengrill vorheizen. Leicht geölte Aluminiumfolie auf den Grillrost legen. Die Makrelenfilets mit Salz und Pfeffer würzen. Mit der Hautseite nach oben 3–4 Minuten grillen, wenden und erneut 3–4 Minuten grillen, bis sie fast gar sind.

❸ Die Haferflocken über die Filets streuen und weitere 1–2 Minuten grillen, bis die Flocken gebräunt sind.

❹ Die Makrelenfilets zu der Salsa servieren. Nach Geschmack und Appetit außerdem junge Pellkartoffeln mit Butter und gehackter Petersilie dazureichen.

Tipp

Die Schale von Gurken ist grundsätzlich essbar. Da die meisten Vitamine direkt unter der Schale sitzen, sollte man sie mitessen oder mit einem speziellen Gurkenschäler so dünn wie möglich abschälen.

Jakobsmuschen mit Baby-Patissons

Ich mag Jakobsmuscheln, die mit rohem Schinken gekocht werden, denn die beiden Aromen ergänzen sich gut in der leichten Sauce mit Wein und Sahne. Schwarze Spaghetti sind eine exquisite Beilage, die mit ihrem zarten Geschmack nach Meerwasser ideal zu Muscheln passt.

FÜR 3–4 PORTIONEN

- 250 g schwarze Spaghetti
- 2 EL kaltgepresstes Olivenöl
- 250 g Baby-Patissons, Stiel und Blütenansatz entfernt, waagerecht halbiert
- 6 Scheiben roher Schinken, kleingeschnitten
- 450 g Jakobsmuscheln, waagerecht halbiert
- 2 Knoblauchzehen, gehackt
- 6 Frühlingszwiebeln, in Ringe geschnitten
- 150 ml trockener Weißwein
- 150 ml süße Sahne
- Salz und frisch gemahlener Pfeffer
- 1–2 EL frisch gehackte Petersilie
- Paprikapulver zum Garnieren

Vorbereitungszeit: 10 Minuten
Garzeit: 25 Minuten

❶ Die schwarzen Spaghetti nach Packungsanweisung in reichlich Salzwasser bissfest kochen.

❷ Während die Nudeln kochen, das Öl in einer Pfanne erhitzen. Die Baby-Patissons mit dem Schinken bei mittlerer Hitze unter ständigem Rühren andünsten, bis die Kürbisse nach etwa 3 Minuten weich zu werden beginnen.

❸ Die Jakobsmuscheln hinzufügen und etwa 1 Minute garen, bis sie milchweiß sind. Knoblauch und Frühlingszwiebeln dazugeben. Den Wein angießen und alle Röststoffe vom Pfannenboden loskochen. Die Sahne dazugeben und würzen. Erhitzen aber nicht kochen lassen. Die Petersilie einrühren. Die Nudeln abgießen, gut abtropfen lassen und auf vorgewärmte Teller verteilen. Die Sauce gleichmäßig darüber verteilen und vor dem Servieren mit etwas Paprikapulver überstäuben.

Eintopf mit Kürbis und Tintenfisch

Viele Menschen mögen keinen Tintenfisch, weil sie ihn falsch zubereitet serviert bekamen. Um zu vermeiden, dass er die Konsistenz von Gummi hat, sollte er nur kurz gegart oder lange geschmort werden.

FÜR 4 PORTIONEN

- 1 große Zwiebel, fein gehackt
- 3 EL kaltgepresstes Olivenöl
- 400 g festfleischiger Kürbis, gewürfelt
- 450 g Tintenfischringe (frisch oder TK-Ware)
- 2 Knoblauchzehen, gehackt
- 2 TL Paprikapulver
- 500 g passierte Tomaten
- 250 ml Fischfond
- Salz und frisch gemahlener Pfeffer
- Saure Sahne oder Schmand
- frisch gehackte Petersilie zum Garnieren

Vorbereitungszeit: 20 Minuten

Garzeit: 120 Minuten

❶ Die Zwiebel in einem großen Topf im heißen Öl bei mittlerer Hitze 5 Minuten andünsten, aber nicht bräunen. Den Kürbis dazugeben und weitere 3 Minuten unter Rühren garen. Die Hitze vergrößern, den Tintenfisch dazugeben und 2–3 Minuten garen. Knoblauch und Paprika hinzufügen und gut durchrühren.

❷ Die passierten Tomaten und den Fond hinzufügen, mit Salz und Pfeffer abschmecken. Den Eintopf langsam zum Kochen bringen und dann bei geringer Hitze 1½–2 Stunden köcheln lassen. Dabei gelegentlich umrühren.

❸ Den Eintopf abschmecken, eventuell nachwürzen. Wer ihn suppiger mag, gibt noch etwas Wasser oder Brühe dazu. Den Eintopf in vorgewärmte Suppenschalen oder Teller füllen. Jeweils einen Klacks Saure Sahne oder Schmand und frisch gehackte Petersilie auf jede Portion geben. Dazu ofenfrisches Baguette oder Ciabatta servieren.

Fleisch- und Geflügelgerichte

Moussaka mit Lamm und Kürbis

Mexikanisches Chili mit Kürbis

Lammtopf mit Kürbis und Kichererbsen

Gebratene Lammkeule mit Kürbis

Pie mit Rindfleisch und Kürbis

Scharfer Rindfleischtopf mit Kürbis

Rindfleischtopf mit Baby-Patissons

Bratwurst mit Kürbis-Rotkohl

Mit Kürbis gefüllte Schinkenröllchen

Schweinefilet mit Äpfeln und Kürbis

Schweinebraten mit Kürbisgemüse

Entenconfit mit Ingwerkürbis

Gebackener Hokkaido mit Hähnchenfüllung

Kürbispizza mit Huhn

Pastasauce mit Huhn und Zucchini

Putenpastete mit Kürbis und Cranberrys

Frikassee mit Putenfleisch und Kürbis

Moussaka mit Lamm und Kürbis

Traditionell wird die griechische Moussaka mit Auberginen zubereitet, doch in Scheiben geschnittener weichfleischiger Kürbis sorgt für eine überraschende Abwechslung bei diesem Auflauf.

Für 6 Portionen

- 1 große Zwiebel, fein gehackt
- 2 EL Olivenöl
- 500 g Lammhackfleisch
- 400 g stückige Dosentomaten
- 1 EL Tomatenmark
- 1 Knoblauchzehe, zerdrückt
- Salz und frisch gemahlener Pfeffer
- frisch geriebene Muskatnuss
- 1 EL frisch gehackter Oregano oder Majoran
- 10–12 Scheiben Kürbisfleisch (z. B. Gelber Zentner, Laternen- oder Melonenkürbis), entkernt und geschält

Für den Guss

- 250 ml Naturjoghurt
- 250 ml Crème fraîche
- 100 g Ziegenfrischkäse, natur oder mit Knoblauch

Vorbereitungszeit: 45 Minuten
Garzeit: 50 Minuten

❶ Die Zwiebel im Olivenöl andünsten, dann das Lammhackfleisch dazugeben und unter Wenden nicht zu scharf anbraten. Dosentomaten, Tomatenmark und Knoblauch dazugeben, durchrühren und etwa 30 Minuten köcheln lassen. Mit Salz, Pfeffer und Muskat abschmecken und den Oregano einrühren.

❷ Den Backofen auf 190 °C vorheizen. Den Boden einer mit Butter ausgestrichenen feuerfesten Form mit Kürbisscheiben auslegen. Abwechselnd Lammhackmischung und Kürbisscheiben einschichten, mit Kürbisscheiben abschließen.

❸ Joghurt, Crème fraîche und Ziegenfrischkäse verrühren und mit Salz abschmecken. Über die Moussaka verteilen und im Ofen etwa 45 Minuten backen, bis der Guss gebräunt und der Kürbis weich ist.

❹ Den Auflauf ein paar Minuten ruhen lassen, dann mit Tomatensalat oder grünem Salat und frischem Baguette servieren.

Mexikanisches Chili mit Kürbis

Statt roter Kidneybohnen gebe ich zum Schluss gewürfelten festfleischigen Kürbis an dieses Chili. Es wird dadurch etwas süßer als das übliche Chili – und zugleich geschmacklich interessanter.

Für 4 Portionen

- 2 Zwiebeln, gehackt
- 6 EL Erdnussöl
- 2 TL Chilipulver
- 1 TL gemahlener Kreuzkümmel
- 500 g Lammhackfleisch
- 1 EL frisch gehackter Oregano
- 1 Prise Zimtpulver
- 2 Knoblauchzehen, gehackt
- 1 milde grüne Pfefferschote, entkernt und fein gehackt
- 400 g stückige Dosentomaten
- 1 EL Tomatenmark
- Salz und frisch gemahlener Pfeffer
- 450 g festfleischiger Kürbis, gewürfelt
- 1 TL Kümmelkerne
- Saure Sahne und frisch geschnittener Schnittlauch

Vorbereitungszeit: 10 Minuten
Garzeit: 90 Minuten

❶ Die Zwiebel in der Hälfte des Öls andünsten. Chilipulver, Kreuzkümmel und Lammhackfleisch dazugeben und unter Wenden kräftig anbraten. Oregano, Zimt, Knoblauch und Pfefferschote dazugeben und durchrühren. Die Dosentomaten und das Tomatenmark hinzufügen.

❷ Das Chili zum Kochen bringen. Bei schwacher Hitze bedeckt etwa 1 Stunde köcheln lassen.

❸ Die Kürbiswürfel im restlichen Öl 4–5 Minuten anbraten, bis sie gebräunt und weich sind. Den Kürbis und den Kümmel zum Chili geben, abschmecken und auf vorgewärmte Teller verteilen. Auf jede Portion einen Klacks Saure Sahne und etwas Schnittlauch geben und sofort heiß servieren. Als Beilage kann man Tortilla-Chips oder Knoblauchbrot dazureichen.

Lammtopf mit Kürbis und Kichererbsen

Ein Lammeintopf mit Gewürzen und Zutaten, wie man sie im Nahen Osten liebt. Man kann weichkochenden Laternenkürbis ebenso dafür verwenden wie Kürbissorten mit festem Fleisch. Als Pellkartoffeln gekochte Frühkartoffeln, die in etwas Butterschmalz angebraten werden, sind eine feine Beilage zur Ergänzung des Lammtopfs.

Für 4 Portionen

- 75 g getrocknete Kichererbsen, über Nacht eingeweicht
- 3 EL Olivenöl
- 250 g Lammfleisch, gewürfelt
- 1 Zwiebel, in feine Ringe geschnitten
- 500 g Kürbisfleisch, gewürfelt
- 2 TL gemahlener Kreuzkümmel
- 1 TL gemahlener Piment
- 1 Prise Zimtpulver
- 150 ml Rotwein
- 400 g stückige Dosentomaten
- 350 ml Fleischbrühe
- 100 g getrocknete Softaprikosen
- Salz und frisch gemahlener Pfeffer
- 75 g Pistazien
- frisch gehackter Cilantro als Garnierung

Vorbereitungszeit: 45 Minuten
Einweichzeit: über Nacht
Garzeit: 60 Minuten

❶ Die eingeweichten Kichererbsen abgießen, abspülen und mit frischem Wasser zum Kochen aufsetzen. 30–40 Minuten kochen lassen.

❷ Das Öl in einer Pfanne erhitzen und das Fleisch darin rundum anbraten. Mit einem Schaumlöffel herausheben und beiseite stellen. Die Zwiebel in die Pfanne geben und Farbe annehmen lassen. Den Kürbis dazugeben und 2–3 Minuten angehen lassen. Eventuell mehr Öl dazugeben. Die Gewürze hinzufügen und alles gut mischen.

❸ Das Fleisch wieder in die Pfanne geben, den Wein angießen und alle Röststoffe vom Pfannenboden loskochen. Wenn der Wein verkocht ist, die Dosentomaten, die Fleischbrühe die Aprikosen und die abgetropften Kichererbsen hinzufügen. Mit Salz und Pfeffer würzen und bedeckt etwa 30 Minuten köcheln lassen.

❹ Die Pistazien hinzufügen, gut abschmecken und mit gehacktem Cilantro garniert sofort heiß servieren.

Gebratene Lammkeule mit Kürbis

Ein sehr einfaches Rezept, das auch Anfängern sofort gelingt. Es wird großen Eindruck hinterlassen, weil es hervorragend schmeckt.

Für 6 Portionen

- 2–3 Knoblauchzehen, geschält
- 1 Lammkeule (etwa 1,5 kg)
- Salz und frisch gemahlener Pfeffer
- 1 Butternusskürbis, geviertelt und entkernt

Vorbereitungszeit: 5 Minuten
Garzeit: etwa 100 Minuten

❶ Es gibt schnelle und langsame Methoden, um eine Lammkeule zu garen. In jedem Fall muss man bedenken, dass der Kürbis etwa 45 Minuten benötigt, bis er gar ist. Bei der Zeitplanung bedenken, dass die Keule vor dem Anschnitt 10 Minuten ruhen sollte.

❷ Den Backofen auf 200 °C vorheizen. Die Knoblauchzehen längs in Stifte schneiden. Die Lammkeule damit spicken, indem man kleine Taschen einschneidet und den Knoblauch hineindrückt. Die Keule pfeffern und salzen und in einem offenen Bräter in den Backofen geben. Bei der angegeben Temperatur muss man etwa 55 Minuten Garzeit pro Kilogramm rechnen.

❸ Zur passenden Zeit den Kürbis zur Keule legen, mit ausgetretenem Bratensaft beträufeln und etwa 35 Minuten garen. Die Keule aus dem Backofen nehmen, mit Alufolie bedeckt 10 Minuten ruhen lassen. Aufschneiden und zusammen mit dem Kürbis und anderem Gemüse nach Wahl servieren.

Tipp

Statt mit Knoblauch (oder zusätzlich) kann man die Keule auch mit frischem Rosmarin und Anchovisfilets spicken.

Pie mit Rindfleisch und Kürbis

Bereiten Sie für diesen mit Blätterteig überbackenen Pie zunächst ein Rindfleischragout zu, das man auch separat zu einer anderen Beilage – etwa Röstkartoffeln oder überbackene Polenta – servieren könnte. Man kann das Ragout in größerer Menge auf Vorrat zubereiten, da es sich gut einfrieren lässt.

Für 6 Portionen

- 2 EL Öl
- 1 große Zwiebel, in feine Ringe geschnitten
- 500 g Rindfleisch zum Schmoren, in mundgerechte Würfel geschnitten
- 2 EL dunkle Sojasauce
- 2 Stücke Sternanis
- frisch gemahlener Pfeffer
- 450 ml dunkles Bier
- 1 kg festfleischiger Kürbis mit Schale
- 2 EL körniger Senf
- 225 g Blätterteig (TK-Ware)

Vorbereitungszeit: 30 Minuten
Garzeit: 4 Stunden 40 Minuten

❶ Den Backofen auf 160 °C vorheizen. Das Öl in einer Kasserolle erhitzen und die Zwiebel darin Farbe annehmen lassen. Das Fleisch hinzufügen und rundum kräftig anbraten. Die Sojasauce und den Sternanis am Stück dazugeben und pfeffern. Das Bier angießen und alle Röststoffe vom Boden der Kasserolle damit loskochen. Das Fleisch sollte so eben von Flüssigkeit bedeckt sein, eventuell mehr Bier angießen.

❷ Die Kasserolle mit einem Deckel schließen, in den Backofen stellen und das Fleisch etwa 3 Stunden schmoren lassen. Nach etwa 2 Stunden gelegentlich prüfen, ob das Fleisch schon weich ist. Das gegarte Fleisch aus dem Backofen nehmen und abkühlen lassen.

❸ Den Backofen erneut auf 220 °C vorheizen. Den Kürbis in 2,5 cm dicke Scheiben schneiden, entkernen, aber die Schale nicht entfernen. Den Kürbis in eine feuerfeste Schale legen, salzen und pfeffern und mit Öl beträufeln. Etwa 40 Minuten im Backofen rösten, dann herausnehmen und abkühlen lassen. Die Ofentemperatur auf 200 °C reduzieren.

❹ Den Kürbis aus der Schale lösen, würfeln und zusammen mit dem Senf zum Fleisch geben. Die Mischung in eine Pieform löffeln.

❺ Den Blätterteig nach Packungsanweisung ausrollen und als Deckel über die Pieform legen. Aus den Teigresten Verzierungen formen und auf den Teigdeckel setzen. In den Backofen geben und etwa 35 Minuten überbacken, bis der Blätterteig aufgegangen und goldbraun ist.

Scharfer Rindfleischtopf mit Kürbis

Das geschmorte Rindfleisch wird mit Kreuzkümmel und Chili gewürzt. Das fertige Ragout passt gut zu Couscous, den man in vorgegarter Form kaufen kann.

Für 4 Portionen

- 3 EL Olivenöl
- 1 große Zwiebel, in Ringe geschnitten
- 500 g Rindfleisch zum Schmoren in mundgerechte Würfel geschnitten
- 2 TL Chilipulver
- 2 TL gemahlener Kreuzkümmel
- 1 kräftige Prise Zimtpulver
- 2 scharfe rote Pfefferschoten, entkernt und sehr fein gehackt
- 700 g Kürbisfleisch, gewürfelt
- 150 ml Rotwein
- 2 Zucchini, gewürfelt
- 2 Knoblauchzehen, gehackt
- 400 g stückige Dosentomaten
- 600 ml Fleischbrühe
- Salz und frisch gemahlener Pfeffer
- 175 g Couscous

Vorbereitungszeit: 30 Minuten
Garzeit: 2½ Stunden

❶ Den Backofen auf 160 °C vorheizen. Das Öl in einer Kasserolle erhitzen und die Zwiebel darin Farbe annehmen lassen. Das Fleisch hinzufügen und rundum kräftig anbraten. Dann das Fleisch aus der Kasserolle nehmen und beiseite stellen.

❷ Die Gewürze, die Pfefferschote und den Kürbis in die Kasserolle geben und bei milder Hitze etwa 8–10 Minuten anbraten.

❸ Das Fleisch wieder in die Kasserolle geben. Den Rotwein angießen und zum Kochen bringen. Zucchini, Knoblauch und Tomaten dazugeben und die Fleischbrühe angießen. Das Fleisch sollte so eben von Flüssigkeit bedeckt sein. Salzen und pfeffern. Bedeckt in den Backofen stellen und etwa 2 Stunden schmoren lassen. Prüfen, ob das Fleisch schon weich ist, sonst die Garzeit verlängern.

❹ Kurz bevor das Fleisch fertig ist, den Couscous nach Packungsanweisung mit Wasser oder milder Fleischbrühe zubereiten und zum Rindfleischtopf mit Kürbis servieren.

Tipp

Statt Couscous passt auch Reis oder Kartoffelpüree zu diesem Fleischtopf.

Rindfleischtopf mit Baby-Patissons

Ein langsam im Backofen geschmorter Rindfleischeintopf mit Zutaten, die während der langen Garzeit eine ideale Verbindung eingehen.

Für 6 Portionen

- 900 g Rindfleisch von der Beinscheibe, mundgerecht gewürfelt
- 3 EL Olivenöl
- 1 Zwiebel, in Ringe geschnitten
- 225 g geräucherter Speck, gewürfelt
- 2 Möhren, in Scheiben geschnitten
- 1 EL Rotweinessig
- 3 große, frische Thymianzweige
- 4 Lorbeerblätter, mit je einer Nelke gespickt und ein Stück Zimt, zusammengebunden
- 3 Knoblauchzehen, gehackt
- 2 EL Tomatenmark
- abgeriebene Schale von 1 unbehandelten Orange
- 1 Flasche kräftiger Rotwein
- Salz und frisch gemahlener Pfeffer
- 500 g Baby-Patissons, Stiel und Blütenansatz entfernt
- 2 EL frisch gehackte Petersilie

Vorbereitungszeit: 20–25 Minuten
Garzeit: 3½ Stunden

❶ Den Backofen auf 160 °C vorheizen. Das Öl in einem großen Schmortopf erhitzen und das Fleisch darin rundum kräftig anbraten.

❷ Das Fleisch aus der Kasserolle nehmen und beiseite stellen. Zwiebel, Speck und Möhren in die Kasserolle geben und Farbe annehmen lassen. Den Essig dazugeben und die Röststoffe vom Topfboden loskochen. Das Fleisch wieder hineingeben.

❸ Thymian, Lorbeerpäckchen, Knoblauch, Tomatenmark und Orangenschale dazugeben, den Rotwein angießen und zum Kochen bringen. Bedeckt in den Backofen stellen und etwa 3 Stunden schmoren lassen.

❹ Nach etwa 3 Stunden das Lorbeerpäckchen herausnehmen, die vorbereiteten Baby-Patissons hineingeben und erneut bedeckt etwa 15 Minuten im Backofen schmoren lassen, bis der Kürbis weich ist. Zum Servieren den Fleischtopf mit frisch gehackter Petersilie bestreuen. Zu Kartoffeln, Reis oder Nudeln servieren.

Bratwurst mit Kürbis-Rotkohl

Ich liebe Bratwürste, besonders solche mit einer etwas groberen Füllung. Die Kombination von Rotkohl und Kürbis ist eine ideale Beilage zu den Bratwürsten.

Für 4 Portionen

- 8 kleine oder 4 große grobe Bratwürste
- etwa 400 g festfleischiger Kürbis mit Schale, entkernt, in 2,5 cm dicke Scheiben geschnitten
- Salz und frisch gemahlener Pfeffer

Für den Kohl

- 3 EL Olivenöl
- 1 große Zwiebel, fein gehackt
- 1 EL Senfkörner
- 300 g Rotkohl, geschnitten
- 1 EL Rotweinessig
- 100 ml Rotwein
- Salz und frisch gemahlener Pfeffer

Vorbereitungszeit: 10 Minuten
Garzeit: 45 Minuten

❶ Den Backofen auf 200 °C vorheizen. Die Bratwurst und den Kürbis in eine feuerfeste Form legen. Den Kürbis würzen. Etwa 45 Minuten rösten. Die Wurst zwischendurch wenden.

❷ Das Öl in einem Topf erhitzen, Zwiebel und Senfkörner 2 Minuten darin angehen lassen. Den Kohl dazugeben und ebenfalls 2 Minuten anbraten. Dann Essig und Wein angießen und würzen. Bei geschlossenem Deckel und schwacher Hitze etwa 30 Minuten garen.

❸ Den Kürbis aus der Schale lösen, in Würfel schneiden und unter den Rotkohl heben. Abschmecken und zu den Bratwürsten servieren. Nach Geschmack außerdem Kartoffelpüree dazureichen.

Tipp

Die Bratwürste vor dem Braten mehrmals anstechen.

Mit Kürbis gefüllte Schinkenröllchen

Etwas dicker geschnittene Scheiben von gekochtem Schinken werden mit süß-saurem Kürbis auf asiatische Weise gefüllt. Die Schinkenröllchen sind eine leckere Vorspeise, aber auch ein leichtes Sommergericht.

FÜR 4 PORTIONEN

- 3 EL Erdnussöl
- 1 große Zwiebel, fein gehackt
- 400 g festfleischiger Kürbis, gewürfelt
- 1 Stängel Zitronengras, blanchiert und fein gehackt
- 3 Stängel Bleichsellerie, in feine Streifen geschnitten
- 1 rote Pfefferschote, entkernt und sehr fein gehackt
- 1 TL Tamarindenpaste
- 4 große Scheiben gekochter Schinken
- 300 ml ungesüßte Kokosmilch
- 2 Kaffir-Limettenblätter, in hauchfeine Streifen geschnitten
- Salz und frisch gemahlener Pfeffer

Vorbereitungszeit: 30 Minuten

Garzeit: 20 Minuten

❶ Das Öl in einer Pfanne erhitzen und die Zwiebel darin bei nicht zu starker Hitze einige Minuten andünsten, aber nicht bräunen.

❷ Kürbis, Zitronengras und Bleichsellerie dazugeben und unter Rühren weitere 4–5 Minuten garen. Dann die Pfefferschote und die mit 1 Esslöffel Wasser angerührte Tamarindenpaste hinzufügen. Das Ganze bedeckt bei milder Hitze etwa 15 Minuten schmoren lassen, bis der Kürbis fast weich ist.

❸ Den Backofen auf 190 °C vorheizen. Eine feuerfeste Form mit Butter ausstreichen. Die Schinkenscheiben auf der Arbeitsplatte ausbreiten. Von dem Kürbisgemüse auf den Schinken geben, die Scheiben aufrollen. Das restliche Kürbisgemüse auf dem Boden der Form verteilen, die Schinkenrollen darauf setzen. Die Kokosmilch mit Limettenblättern, Salz und Pfeffer verrühren und über die Schinkenrollen gießen. Die Form für 20 Minuten in den Backofen stellen. Sofort mit frischem Salat oder Gemüse und Reis servieren.

Schweinefilet mit Äpfeln und Kürbis

Die Kombination von säuerlichen Äpfeln mit Schweinefilet ist in der Normandie sehr beliebt, wo man auch gern einen Schuss Calvados (den dort hergestellten Apfelbrand) zum Aromatisieren verwendet.

Für 3–4 Portionen

- 2 EL Olivenöl
- 1 TL Butter
- 1 Gem Squash, geschält, entkernt und geachtelt
- 1 grüner fester Apfel, entkernt und geachtelt
- 500 g Schweinefilet, in Scheiben geschnitten
- 1 Zwiebel, in Ringe geschnitten
- 1 Knoblauchzehe, fein gehackt
- 250 ml trockener Cidre (Apfelwein)
- Salz und frisch gemahlener Pfeffer
- 150 ml Calvados
- 2–3 EL Crème fraîche
- gehackte Petersilie als Garnierung

Vorbereitungszeit: 10 Minuten
Garzeit: 30 Minuten

❶ Olivenöl und Butter zusammen in einer großen Pfanne erhitzen. Den Gem Squash darin auf beiden Seiten braun anbraten. Aus der Pfanne heben und die Äpfel auf die gleiche Weise garen. Ebenfalls beiseite stellen.

❷ Falls nötig mehr Öl in die Pfanne geben und die Fleischscheiben beidseitig anbraten. Die Zwiebel dazugeben und Farbe annehmen lassen. Den Knoblauch dazugeben und den Cidre angießen. Die Röststoffe vom Pfannenboden loskochen, dann etwa 10 Minuten köcheln lassen. Salzen und pfeffern.

❸ Den Calvados in einer Schale erwärmen, anzünden und brennend über das Fleisch gießen. Wenn des Feuer erloschen ist, die Crème fraîche einrühren. Kürbis und Äpfel wieder in die Pfanne geben und erneut erhitzen. Abschmecken und mit frischer Petersilie garniert servieren. Porree dazureichen.

Schweinebraten mit Kürbisgemüse

Dieses Rezept präsentiert Schweinebraten auf eine neue, leichte Art. Das bunte Gemüse, zu dem Sie einen Moschuskürbis oder Potimarron verwenden sollten, ist eine passende Ergänzung.

Für 6 Portionen

- 1 Kotelettstück von etwa 1,5 kg
- 2–3 EL Erdnussöl
- 1 große Zwiebel, gehackt
- 2 Möhren, in Scheiben geschnitten
- 4 Stängel Bleichsellerie, in Stücke geschnitten
- 500 g festfleischiger Kürbis, in Stücke geschnitten
- 1 Knoblauchzehe, gehackt
- 1 EL frisch gehackter Liebstöckel (oder 2 EL glatte Petersilie)
- frisch geriebene Muskatnuss
- 300 ml Fleischbrühe

Vorbereitungszeit: 20 Minuten
Garzeit: 2½ Stunden

❶ Den Backofen auf 160 °C vorheizen. Das Kotelettstück im Öl in einer Kasserolle bei starker Hitze kross anbraten, dann aus dem Topf nehmen.

❷ Die Gemüse, außer dem Knoblauch, in die Kasserolle geben. Bedeckt bei mittlerer Hitze köcheln lassen, bis sie weich zu werden beginnen. Knoblauch und Liebstöckel dazugeben, kräftig mit Muskat würzen und das Fleisch wieder einlegen.

❸ Die Brühe angießen und zum Kochen bringen. Die Kasserolle bedeckt für mindestens 2 Stunden in den Backofen stellen, bis das Fleisch weich ist. Den Braten in Alufolie wickeln und vor dem Anschnitt mindestens 10 Minuten ruhen lassen.

❹ Die Hälfte des Gemüses im Mixer mit dem Fleischsaft pürieren und als Sauce zum Fleisch reichen, das andere Gemüse separat zum Fleisch servieren. Den ausgelösten Knochen kann man kurz unter den Grill legen, bis das anhaftende Fleisch kross ist. Man zupft es ab und garniert damit die aufgeschnittenen Bratenscheiben.

Entenconfit mit Ingwerkürbis

Das Confit ist eine französische Spezialität zur Verarbeitung der besonders fetten Gänse, die die berühmte Stopfleber liefern. Diese mit Ente zubereitete Variante ist nicht ganz so fett und nicht ganz so aufwändig in der Zubereitung. Das Fleisch der Ente kann man kalt oder wieder erhitzt verzehren. Wenn man es erneut erhitzt, tropft etwas von dem Fett ab. Für die Beilage verwende ich einen weichfleischigen Kürbis.

Für 4 Portionen

- 4 Entenkeulen
- Geflügelflomen
- 150 ml Wasser
- Erdnussöl

Für die Marinade

- 3 EL gehackte frische Ingwerwurzel
- 2 Knoblauchzehen, zerdrückt
- 1 EL Sternanisstücke
- 1 TL zerdrückte Pfefferkörner
- 2 EL Meersalz

- 400 g weichfleischiger Kürbis mit Schale, in 2,5 cm dicke Scheiben geschnitten
- 50 g chinesische Eiernudeln
- 8 Frühlingszwiebeln, in Ringe geschnitten
- 1 EL Weißweinessig
- 1 Stück frische Ingwerwurzel (5 cm), geschält und grob gerieben
- frischer Cilantro zum Garnieren

Vorbereitungszeit: 60 Minuten
Marinierzeit: über Nacht
Garzeit: 2½ Stunden

❶ Alles überschüssige Fett von den Entenkeulen entfernen und grob zerschneiden. Auch das zusätzliche Geflügelfett (Flomen von Gans, Ente oder Huhn) in Stücke schneiden. Das Fett mit Wasser bedeckt zum Kochen bringen, 45 Minuten bei schwacher Hitze simmern lassen, bis das Fett klar ist. Abkühlen lassen.

❷ Die Zutaten für die Marinade im Mörser miteinander verreiben. Die Entenkeulen damit einreiben und in eine Schale legen. Bedeckt mindestens 1 Stunde, besser über Nacht, in den Kühlschrank stellen.

❸ Den Backofen auf 200 °C vorheizen. Die Entenkeulen mit Küchenpapier abreiben und nebeneinander in eine Kasserolle legen. Das im Wasser ausgekochte Fett darüber geben, falls nötig Öl angießen, bis die Keulen von Fett bedeckt sind. Die Kasserolle mit dem Deckel schließen und in den Backofen stellen. Nach 30 Minuten die Hitze auf 160 °C reduzieren und die Keulen eine weitere Stunde garen, bis das Fleisch weich ist, aber noch nicht vom Knochen fällt. Aus dem Ofen nehmen und – am besten über Nacht – im Fett kalt werden lassen.

❹ Am nächsten Tag den Backofen erneut auf 220 °C vorheizen. Den Kürbis in eine feuerfeste Schale legen, salzen, pfeffern und mit etwas Fett von der Ente bestreichen. Etwa 30 Minuten rösten, bis der Kürbis weich ist.

❺ Die Entenkeulen aus dem Fett nehmen, das Fett abstreichen, die Keulen neben den Kürbis in die Form legen und etwa 10 Minuten aufbraten, dann den Kürbis herausnehmen und die Keulen wenden; weitere 15 Minuten braten.

❻ Die chinesischen Eiernudeln mit kochendem Wasser übergießen und 5 Minuten quellen lassen. Von dem Entenfett 2 Esslöffel voll in eine Pfanne geben und die Frühlingszwiebeln darin anbraten. Den Essig dazugeben, den Ingwer mit der Hand ausdrücken und den Saft ebenfalls in die Pfanne geben. Den Kürbis mit einer Gabel aus der Schale kratzen und in die Pfanne geben. Zuletzt die abgegossenen Nudeln hinzufügen und durchschwenken. Mit Salz und Pfeffer abschmecken.

❼ Jeweils eine Portion Kürbisnudeln auf einen vorgewärmten Teller geben und je eine Entenkeule darauf legen. Nach Geschmack etwas Fett darüber träufeln. Mit Cilantro garnieren und sofort zu Tisch bringen.

Gebackener Hokkaido mit Hähnchenfüllung

Bei diesem Rezept ersetzt der kleine feste Kürbis – ich habe einen Hokkaido gewählt – die Weizenmehltortilla, die normalerweise die scharfe mexikanische Füllung umgeben würde. Der gefüllte Kürbis ergibt eine vollständige Mahlzeit.

Für 2 Portionen

- 1 kleiner Hokkaido (etwa 800 g)
- 25 g Butter, zerlassen
- 2 Knoblauchzehen, zerdrückt
- 1 scharfe rote Pfefferschote, entkernt und sehr fein gehackt
- 3 EL Erdnussöl
- 2 Hähnchenbrustfilets, gehäutet, in Streifen geschnitten
- 1 Zwiebel, gehackt
- 1–2 TL Chilipulver
- 1 TL gemahlener Kreuzkümmel
- 1 grüne Paprikaschote, entkernt und in Streifen geschnitten
- 200 g stückige Dosentomaten
- Salz und frisch gemahlener Pfeffer
- Saure Sahne zum Garnieren

Vorbereitungszeit: 25 Minuten
Garzeit: 30 Minuten

❶ Den Backofen auf 220 °C vorheizen. Stiel und Blütenansatz vom Kürbis abschneiden. Den Kürbis waagerecht durchteilen, die Kerne und das faserige Innere entfernen. Das Fruchtfleisch mehrmals tief einschneiden, dann die Kürbishälften, Öffnung nach oben, in eine feuerfeste Form setzen. Die flüssige Butter mit der Hälfte des Knoblauchs und der Pfefferschote mischen und die Kürbisse damit bestreichen. Während der Zubereitung der Füllung die Kürbisse in den Backofen geben.

❷ Für die Füllung das Öl in einer Pfanne erhitzen und das Hühnerfleisch darin garen, bis es gebräunt ist. Die Zwiebel, den Rest Knoblauch sowie die Pfefferschote und die Gewürze hinzufügen. Die Hitze reduzieren und unter gelegentlichem Wenden weitere 4–5 Minuten garen.

❸ Die Paprikastreifen und die Tomaten hinzufügen, das Ganze unter Rühren zum Kochen bringen und alle Röststoffe vom Pfannenboden lösen.

❹ Die Füllung abschmecken, in die vorgegarten Kürbishälften füllen und locker mit Alufolie bedeckt nochmals für etwa 15 Minuten in den Backofen stellen.

❺ Die Folie abnehmen und die Kürbisse weitere 10 Minuten unbedeckt backen, bis der Kürbis weich ist und die Schale leicht schwarz zu werden beginnt. Auf jede Portion einen Esslöffel Saure Sahne geben, mit Chilipulver überstäuben und sofort servieren.

Kürbispizza mit Huhn

Diese neuartige Pizza hat einen mediterranen Akzent. Man verwendet neu kombinierte Zutaten, die sich herrlich ergänzen.

Für 4 Portionen

- 350 g Weizenmehl
- 2 TL Salz
- 1 TL Trockenhefe
- 3 EL kaltgepresstes Olivenöl
- 400 g Kürbispüree
- 150 ml handwarmes Wasser
- 200 g Mozzarella, klein geschnitten
- 1 große Zwiebel, fein gehackt
- 200–250 g gegartes Hähnchenbrustfilet, in Scheiben geschnitten
- 3 EL entsteinte schwarze Oliven
- 2 EL Kapern
- Olivenöl zum Beträufeln

Vorbereitungszeit: 60 Minuten
Garzeit: 25 Minuten

❶ Mehl, Salz und Trockenhefe in einer Schüssel mischen. Olivenöl, die Hälfte des Kürbispürees und so viel handwarmes Wasser hinzufügen, dass man einen Brotteig kneten kann. Kneten, bis der Teig schön glatt und elastisch ist.

❷ Den Teig auf einer bemehlten Arbeitsfläche zu einem Kreis von etwa 38 cm Durchmesser ausrollen und auf ein Backblech setzen. (Es macht nichts, wenn der Teig bei diesem Arbeitsschritt über die Ränder des Blechs hängt.)

❸ Die Hälfte des Mozzarellas rund um den Teigrand verteilen und dann den Teig über den Käse nach innen einrollen, sodass rundum ein Wulst entsteht. Den Pizzaboden mit einem feuchten Tuch bedecken und etwa 40 Minuten an einem zugfreien, warmen Ort gehen lassen.

❹ Den Backofen auf 220 °C vorheizen. Das restliche Kürbispüree auf den gegangenen Pizzaboden streichen. Darüber die restlichen Zutaten gleichmäßig verteilen, zum Schluss mit etwas Olivenöl beträufeln.

❺ Die Pizza 20–25 Minuten backen, bis am Rand eine goldbraune Kruste entstanden ist. Die Pizza sofort heiß aus dem Backofen servieren. Nach Geschmack einen Salat dazureichen.

Pastasauce mit Huhn und Zucchini

Ich habe für diese Pastasauce Hühnerhackfleisch verwendet. Man kann genauso gut gehacktes Putenfleisch verwenden. Mit Rinder-, Schweine- oder Lammhack bekommt es einen kräftigeren Geschmack.

FÜR 4 PORTIONEN

- 1 große Zwiebel, fein gehackt
- 3 EL kaltgepresstes Olivenöl
- 500 g Hühnerhackfleisch
- 150 ml Rotwein
- 3 Zucchini, gewürfelt
- 2 Knoblauchzehen, zerdrückt
- 4 getrocknete Tomaten, in Streifen geschnitten
- 100 g blättrig geschnittene Champignons
- 400 g stückige Dosentomaten
- 1 EL Tomatenmark
- 2 EL frisch gehackter Oregano
- Salz und frisch gemahlener Pfeffer

Vorbereitungszeit: 10 Minuten
Garzeit: 45 Minuten

❶ Die Zwiebel im Olivenöl angehen lassen, aber nicht bräunen. Das Hühnerhackfleisch dazugeben und unter Rühren anbraten, bis kein rosa Fleisch mehr zu sehen ist. Den Wein angießen und so lange köcheln lassen, bis er um die Hälfte reduziert ist.

❷ Die restlichen Zutaten nacheinander dazugeben, kräftig mit Salz und Pfeffer würzen und anschließend mindestens 30 Minuten, besser jedoch 1 Stunde bei schwacher Hitze köcheln lassen.

❸ Die Sauce zu langen Nudeln nach Wahl servieren und frisch geriebenen Parmesan dazureichen.

TIPP

Gehacktes Geflügelfleisch ist sehr empfindlich und sollte sofort verarbeitet werden. Bereiten Sie es im Fleischwolf zu oder hacken Sie es mit einem scharfen Messer.

Putenpastete mit Kürbis und Cranberrys

Pasteten in einem Teig aus Mehl und Schweineschmalz sind eine englische Spezialität. Wer die Kruste nicht mag, lässt sie später beim Verzehr beiseite. Für die Zubereitung ist die Kruste eine natürliche Form, die dem Inhalt, der später kalt verzehrten Pastete, besten Schutz gewährt.

Für 8 Portionen

Für den Pastetenteig

- 350 g Mehl
- 2 TL Salz
- 125 g Schweineschmalz
- 150 ml Milch und Wasser, gemischt

Für die Füllung

- 600 g Putenbrustfilet, klein gewürfelt
- 400 g Schweinebauch, klein gewürfelt
- 250 g festfleischiger Kürbis, klein gewürfelt
- 250 g frische Cranberrys
- ausgedrückter Saft von einem 5 cm großen, geraffelten Stück frischer Ingwerwurzel
- 1 TL zerdrückte Kardamomsamen
- ½ frisch geriebene Muskatnuss
- abgeriebene Schale und Saft von 1 unbehandelten Orange
- Salz und frisch gemahlener Pfeffer

- 1 Ei, geschlagen
- 1 TL Gelatinepulver
- 250 ml kochendes Wasser

Vorbereitungszeit: 45–50 Minuten

Garzeit: 90 Minuten

❶ Den Backofen auf 200 °C vorheizen. Für den Pastetenteig Mehl und Salz in einer Schüssel mischen. Das Schweineschmalz mit der Milch-Wasser-Mischung in einem Topf zum Kochen bringen, sofort in das Mehl gießen und mit den Knethaken des Handrührers zu einem glatten Teig verarbeiten. Den Teig ruhen lassen, bis er abgekühlt ist.

❷ Inzwischen für die Füllung alle Zutaten in eine große Schüssel geben und gründlich vermengen.

❸ Zwei Drittel des Teigs ausrollen und Boden und Seitenwand einer 23-cm-Springform damit auslegen. Den Teig gut in die Form drücken, entstandene Löcher schließen, überhängenden Teig nicht abschneiden. Die Füllung hineingeben und glatt streichen. Den restlichen Teig ausrollen und als Deckel über die Füllung legen. Den Rand des Deckels mit geschlagenem Ei bestreichen und mit dem überhängenden Teig, den man nach innen klappt, gut verschließen und zu einem dekorativen Muster drücken. In die Mitte des Deckels ein Loch schneiden, damit beim Garen der Dampf entweichen kann.

❹ Den Deckel mit geschlagenem Ei bestreichen und die Pastete etwa 1 Stunde backen. Die Form aus dem Backofen nehmen, 5 Minuten ruhen lassen, dann mit einem dünnen scharfen Messer zwischen Teig und Formring entlangfahren und den Ring vorsichtig öffnen. Droht die Pastete zu reißen, den Ring schließen und die Pastete für weitere 10 bis 15 Minuten in den Backofen stellen. Die aus der Form gelöste Pastete auf einem Kuchengitter auskühlen lassen. Deckel und Außenrand nach 15 Minuten mit dem restlichen Ei bestreichen.

❺ Das Gelatinepulver mit dem kochenden Wasser verrühren, bis es sich aufgelöst hat. Abkühlen lassen und durch das Loch im Pastetendeckel so viel flüssiges Gelee eingießen, wie hineinpasst. Die abgekühlte Pastete vor dem Anschnitt für mindestens 3 Stunden in den Kühlschrank stellen.

Frikassee mit Putenfleisch und Kürbis

Dieses Gericht ist bestens dazu geeignet, unaufgebrauchte Kürbisreste zu verarbeiten. Jede Art von Kürbis passt in dieses Frikassee.

FÜR 4 PORTIONEN

- 3 EL Erdnussöl
- 6 Frühlingszwiebeln, kleingeschnitten
- 200–250 g gegartes Putenfleisch, gewürfelt
- 600–700 g Kürbisfleisch, gewürfelt
- 100 ml trockener Weißwein
- 200 g Saure Sahne oder Schmand
- Salz und frisch gemahlener Pfeffer
- gehackte Petersilie als Garnierung

Vorbereitungszeit: 10–15 Minuten
Garzeit: 20 Minuten

❶ Das Erdnussöl in einer großen Pfanne erhitzen und die Frühlingszwiebeln darin 2–3 Minuten angehen lassen. Dann das Putenfleisch und den Kürbis hinzufügen. Gut mischen und anschließend bedeckt bei schwacher Hitze etwa 10 Minuten schmoren lassen.

❷ Den Wein angießen und unter Rühren um die Hälfte einkochen lassen. Sahne oder Schmand dazugeben und mit Salz und Pfeffer kräftig abschmecken. Erhitzen, aber nicht mehr kochen lassen.

❸ Das Frikassee mit gehackter Petersilie garnieren und nach Geschmack zu gekochtem Reis servieren.

TIPP

Man kann auch gegartes Hähnchen- oder Kalbfleisch nehmen und als Beilage einen gekochten Langkornreis zu dem Gericht reichen.

Vegetarische Hauptgerichte

Acorn Squash mit Linsen-Sellerie-Gemüse

Spinat-Zucchini-Pie

Überbackener Butternusskürbis mit Blumenkohl

Überbackene gefüllte Kürbisse

Kürbisratatouille mit gebackenen Klößen

Curry von gelben Zucchini

Paprikaschoten mit Kürbisfüllung

Kürbiseintopf mit weißen Bohnen

Gefüllter überbackener Patisson

Kürbisrisotto mit Gorgonzola

Kürbiscurry und Okraschoten

Rustikaler Kürbisauflauf

Kürbis mit Fenchel und Orange

Bulgur mit Kürbis und Softaprikosen

Würziges Kürbissoufflé

Acorn Squash mit Linsen-Sellerie-Gemüse

Für dieses Gericht sollte der Kürbis festfleischig sein; er wird vorzugsweise in einer Grillpfanne gegart. Ist kein Acorn Squash erhältlich, kann man auch einen anderen festfleischigen Kürbis nehmen.

Für 4 Portionen

- 1 Zwiebel, gehackt
- 4 Stängel Bleichsellerie, kleingeschnitten
- 3 EL Olivenöl
- 100 g Puylinsen
- 100 ml Rotwein
- 400 g stückige Dosentomaten
- 1–2 Knoblauchzehen, gehackt
- 4 frische Thymianzweige
- 1 Acorn Squash
- Salz und frisch gemahlener Pfeffer

Vorbereitungszeit: 10 Minuten
Garzeit: 40 Minuten

❶ Zwiebel und Sellerie in dem Olivenöl kurz angehen lassen. Die Puylinsen dazugeben und den Rotwein angießen. Simmern lassen, bis der Wein fast verkocht ist. Tomaten, Knoblauch und Thymian dazugeben, zum Kochen kommen lassen und bei schwacher Hitze ungefähr 30 Minuten köcheln, bis die Linsen weich sind.

❷ Den ungeschälten Acorn Squash quer in 4 dicke Scheiben schneiden. Die Kerne und das faserige Innere sorgfältig ausschneiden. Etwas Öl in einer Grillpfanne (oder einer normalen Pfanne) erhitzen und die Kürbisscheiben anschließend auf jeder Seite etwa 5 Minuten braten, bis der Kürbis weich ist.

❸ Das Linsen-Sellerie-Gemüse mit Salz und Pfeffer abschmecken und zu den gebratenen Kürbisscheiben servieren. Nach Geschmack außerdem grünen Spargel dazureichen.

Spinat-Zucchini-Pie

Ein schnell zubereiteter Pie, für den man fertigen Filo- oder Strudelteig verwendet, der im Supermarkt erhältlich ist.

Für 6 Portionen

- 1 große Zwiebel, gehackt
- 2 EL Olivenöl
- 400 g Zucchini, geraffelt
- 300 g frischer Spinat, fein geschnitten
- 2 Knoblauchzehen, gehackt
- 200 g Schmelzkäse
- 3 EL Kürbiskerne
- Salz und frisch gemahlener Pfeffer
- frisch geriebene Muskatnuss
- 12–15 Blätter Filoteig
- 50 g Butter, zerlassen

Vorbereitungszeit: 25 Minuten
Garzeit: 30 Minuten

❶ Den Backofen auf 200 °C vorheizen. Die Zwiebel im Olivenöl andünsten, die Zucchini dazugeben und 3 Minuten unter Rühren garen.

❷ Spinat und Knoblauch hinzufügen und unter Rühren garen, bis der Spinat zusammengefallen und nahezu alle Flüssigkeit verdampft ist.

❸ Den Käse und die Kürbiskerne einrühren und das Gemüse etwas abkühlen lassen. Mit Salz, Pfeffer und Muskat würzen.

❹ Eine 20-cm-Pieform mit 4 Blatt Filoteig auslegen. Jedes Blatt vor dem Auflegen des nächsten mit flüssiger Butter bestreichen. Die Gemüsefüllung hineingeben, die restlichen Filoblätter als Deckel auflegen, dabei wiederum jedes Blatt mit Butter bestreichen. Die überhängenden Enden des Teigs zusammenrollen und festdrücken. Den Teigdeckel mit der restlichen Butter bestreichen.

❺ Den Teigdeckel zwei Schichten tief rautenförmig einschneiden. Den Pie in den Ofen geben und etwa 30 Minuten backen, bis der Pieteig braun und kross ist. Anschließend möglichst warm servieren.

Tipp

Ein frischer Salat aus gelben und roten Kirschtomaten passt gut zu diesem Pie, den man auch mit Blätterteig zubereiten kann.

Überbackener Butternusskürbis mit Blumenkohl

Für das im Ofen überbackene Gericht kann man statt des Butternuss auch einen anderen festfleischigen Kürbis verwenden.

FÜR 4 PORTIONEN

- 1 Butternusskürbis (etwa 1 kg)
- 1 große Zwiebel, fein gehackt
- 3 EL Olivenöl
- 1–2 TL Paprikapulver, edelsüß
- 400 g Blumenkohlröschen
- 800 g stückige Dosentomaten
- 2 EL frisch gehackter Estragon
- 2 Knoblauchzehen, fein gehackt
- Salz und frisch gemahlener Pfeffer
- 250 ml Gemüsebrühe
- 150 g Vollkorntoast, im Cutter zerkleinert
- 175 g Cheddar, geraffelt

Vorbereitungszeit: 15 Minuten
Garzeit: 90 Minuten

❶ Den Backofen auf 190 °C vorheizen. Den Kürbis entkernen und schälen, das Fruchtfleisch in 2,5 cm große Würfel schneiden.

❷ Die Zwiebel im Olivenöl in einer ofenfesten Kasserolle 3–4 Minuten andünsten. Die Kürbiswürfel und den Paprika dazugeben, gut mischen und 2–3 Minuten garen. Dann Blumenkohl, Tomaten, Estragon und Knoblauch dazugeben. Salzen und pfeffern und so viel Brühe angießen, dass das Gemüse fast bedeckt ist. In den Backofen stellen und 1 Stunde bedeckt schmoren lassen.

❸ Den zerkleinerten Vollkorntoast mit dem Cheddar mischen und über den Gemüseauflauf streuen. Die Ofentemperatur auf 200 °C erhöhen und weitere 15–20 Minuten backen, bis sich eine goldbraune Kruste gebildet hat. Sofort heiß servieren und knuspriges Baguette dazureichen.

Überbackene gefüllte Kürbisse

Kleine, feste Kürbisse wie Acorn Squash, roter Kuri oder Hokkaido sind die essbare Backform für dieses leckere Gericht.

Für 4 Portionen
- 2 kleine festfleischige Kürbisse, je etwa 750 g
- Salz und frisch gemahlener Pfeffer
- Olivenöl

Für die Füllung
- 4 Frühlingszwiebeln, fein gehackt
- 1 Knoblauchzehe, gehackt
- 6 getrocknete, in Öl eingelegte Tomaten
- 1 kleiner Zucchino, sehr fein gewürfelt
- 1 kleiner gelber Zucchino, sehr fein gewürfelt
- 10 grüne Oliven, entsteint und gehackt
- 65 g Vollkorntoast, im Cutter zerkleinert
- 2 EL frisch gehackte Petersilie
- 2–3 EL Öl von den Tomaten (oder Olivenöl)

Vorbereitungszeit: 15 Minuten
Garzeit: 25 Minuten

❶ Den Backofen auf 220 °C vorheizen. Stiele und Blütenansätze von den Kürbissen abschneiden. Die Kürbisse waagerecht durchteilen, die Kerne und das faserige Innere entfernen. Das Fruchtfleisch mehrmals tief einschneiden, dann die Kürbishälften – Öffnung nach oben – in eine feuerfeste Form setzen. Salzen, pfeffern und mit etwa Öl beträufeln. Im Backofen 10 Minuten vorgaren.

❷ Inzwischen für die Füllung alle Zutaten gut mischen und kräftig würzen. Die Füllung anschließend in die ausgehöhlten Kürbisse löffeln, in den Backofen zurückgeben und weitere 20–25 Minuten backen, bis die Füllung gar und der Kürbis weich ist.

❸ Sofort heiß servieren und nach Geschmack weitere Gemüse oder einen Salat dazureichen.

Kürbisratatouille mit gebackenen Klößen

Ein Gericht für hungrige Vegetarier, das im Backofen zubereitet wird. Die als Beilage dienenden Käseklößchen bekommen eine knusprige Kruste. Für die Zubereitung kann jeder erhältliche Kürbis genommen werden.

FÜR 4–6 PORTIONEN

- 750 g ungeschältes Kürbisfleisch, in 2,5 cm dicke Scheiben geschnitten
- Salz und frisch gemahlener Pfeffer
- Olivenöl
- 1 große Zwiebel, fein gehackt
- 2 grüne Paprikaschoten, entkernt und in Streifen geschnitten
- 1 Aubergine, gewürfelt
- 2 Zucchini, gewürfelt
- 2 Knoblauchzehen, gehackt
- 450 g passierte Tomaten

FÜR DIE KLÖSSE

- 250 g Mehl
- 1½ TL Backpulver
- 1 TL Senfpulver
- 1 Prise Salz
- 50 g Butter in Flöckchen
- 75 g Cheddar, geraffelt
- 150 ml Milch
- Crème fraîche nach Geschmack

Vorbereitungszeit: 60 Minuten
Garzeit: 20–25 Minuten

❶ Den Backofen auf 220 °C vorheizen. Die Kürbisscheiben in eine feuerfeste Form legen. Mit Salz und Pfeffer würzen, mit Olivenöl beträufeln und 40–45 Minuten rösten.

❷ Die Zwiebel in 3 Esslöffeln Olivenöl in einer ofenfesten Kasserolle 3–4 Minuten andünsten. Paprika und Aubergine dazugeben, durchmischen und 3–4 Minuten garen. Dann die Zucchini, den Knoblauch und die passierten Tomaten hinzufügen. Zum Kochen bringen und bedeckt etwa 20 Minuten köcheln lassen; salzen und pfeffern.

❸ Den Kürbis aus dem Backofen nehmen. Wenn er genügend abgekühlt ist, schälen, ihn in 2,5 cm große Stücke schneiden und zu dem anderen Gemüse in der Kasserolle geben.

❹ Das Mehl in einer Schüssel mit Backpulver, Senfpulver und Salz mischen. Die Butter einkneten, bis ein krümeliger Teig entstanden ist. Den Cheddar einarbeiten, dann mit der Milch einen knetbaren Teig bereiten und daraus 8 Kugeln formen. Die Kugeln auf das Gemüse in der Kasserolle setzen.

❺ Die Kasserolle etwa 20 Minuten in den Backofen geben, bis die Klöße gut aufgegangen sind und sie eine schöne goldbraune Kruste haben.

❻ Anschließend sofort servieren und nach Geschmack Crème fraîche dazureichen.

Curry von gelben Zucchini

Ein unter Rühren gebratenes, sehr schnell zubereitetes Curry.

Für 4 Portionen

Für die Currypaste

- 2 große Zwiebeln, gehackt
- 4 Knoblauchzehen, gehackt
- 5 cm frische Ingwerwurzel, geschält
- 1 rote Pfefferschote, entkernt
- 1–2 EL Currypulver
- 1 EL Tomatenmark
- 1 TL Salz

- 3 EL Erdnussöl
- 100 g abgezogene Mandeln
- 650 g gelbe Zucchini, gewürfelt
- 250 ml Kokosmilch (Dose)
- Salz und frisch gemahlener Pfeffer

Vorbereitungszeit: 10 Minuten
Garzeit: 20 Minuten

❶ Die Zutaten für die Currymischung im Mixer zu einer glatten Paste pürieren.

❷ Das Öl erhitzen, die Mandeln darin kurz anbraten, die Zucchini hinzufügen, unter Rühren 3 Minuten braten. Die Currypaste und die Kokosmilch dazugeben, durchrühren und zugedeckt 15 Minuten köcheln lassen.

❸ Das Curry sofort heiß zu frisch gekochtem Reis servieren.

Paprikaschoten mit Kürbisfüllung

Ich empfehle rote oder gelbe Paprikaschoten, da sie süßer und auch bekömmlicher sind als grüne.

Für 4 Portionen

- 4 große rote oder gelbe Paprikaschoten
- 450 g festfleischiger Kürbis, gewürfelt
- 2 große Knoblauchzehen, gehackt
- 4 Tomaten, enthäutet, entkernt und gewürfelt
- Salz und frisch gemahlener Pfeffer
- 300 ml Kaffeesahne
- 75 g frisch geriebener Parmesan
- Olivenöl

Vorbereitungszeit: 15 Minuten
Garzeit: 35 Minuten

❶ Den Backofen auf 220 °C vorheizen. Die Paprikaschoten längs halbieren, entkernen und nebeneinander in eine feuerfeste Form setzen.

❷ Kürbis, Knoblauch und Tomaten in einer Schüssel mischen, salzen und pfeffern und auf die Paprikaschoten verteilen.

❸ Sahne und Parmesan mischen, in die Schoten gießen und etwas Olivenöl darüber träufeln. In den Ofen geben und etwa 30 Minuten backen, bis alle Gemüse weich sind und die Käsesahne leicht gebräunt ist.

❹ Sofort heiß servieren und entweder gekochten Reis, Röstkartoffeln oder frisches Baguette dazureichen.

Kürbiseintopf mit weißen Bohnen

Ein vegetarisches Gericht, das an das französische Cassoulet erinnert, in das allerdings verschiedene Sorten fettes Fleisch wie Gans, Schweinebauch, Schinken und Würste kommen. Die hier beschriebene Version ist schlank und auch wesentlich schneller zubereitet.

Für 6 Portionen

- 250 g weiße Bohnen, über Nacht eingeweicht
- 2 große Zwiebeln, in Ringe geschnitten
- 3 EL Olivenöl
- 500 g Kürbisfleisch ohne Schale gewürfelt
- 2 Knoblauchzehen, gehackt
- 2 Zucchini, gewürfelt
- Salz und frisch gemahlener Pfeffer
- 400 g stückige Dosentomaten
- 4 Thymianzweige
- 3 Lorbeerblätter
- 750 ml Gemüsebrühe
- 200 g Vollkorntoast, im Cutter zerkleinert

Vorbereitungszeit: 60 Minuten
Einweichzeit: über Nacht
Garzeit: 90 Minuten

❶ Die Bohnen über Nacht einweichen, anderntags etwa 1 Stunde in frischem Wasser kochen. Währenddessen das andere Gemüse zubereiten.

❷ Den Backofen auf 160 °C vorheizen. Die Zwiebel im Olivenöl in einer ofenfesten Kasserolle andünsten, aber nicht bräunen. Den Kürbis dazugeben und 5 Minuten angehen lassen. Knoblauchzehen und Zucchini dazugeben und mit Salz und Pfeffer würzen.

❸ Die Bohnen abgießen und zusammen mit den Tomaten, dem Thymian und den Lorbeerblättern in die Kasserolle geben. Die Gemüsebrühe angießen und die bedeckte Kasserolle für 1 Stunde in den Backofen stellen.

❹ Den Deckel abnehmen, die Lorbeerblätter entfernen. Das zerkleinerte Brot über das Gericht streuen, die Ofentemperatur auf 200 °C erhöhen und das Ganze weitere 20 Minuten überbacken, bis die Brotkruste braun und knusprig ist.

Gefüllter überbackener Patisson

Der große weiße Patisson, seiner Form wegen auch Bischofsmütze genannt, hat mildaromatisches, festes Fruchtfleisch. Da seine weiche Schale nicht abgeschält werden muss, kann man ihn hervorragend füllen. In der Regel wird der Patisson von der Stielseite her gefüllt, ich habe ihn allerdings unten an der Blütenseite aufgeschnitten und von dort aus gefüllt, was interessanter aussieht.

Für 4 Portionen

- 1 Patisson (etwa 1 kg)
- Salz und frisch gemahlener Pfeffer
- 3 EL Olivenöl
- 1 große Zwiebel, fein gehackt
- 2 Stängel Bleichsellerie, gehackt
- 1 Knoblauchzehe, gehackt
- 175 g Champignons, blättrig geschnitten
- ½ TL Macis
- 400 g stückige Dosentomaten
- 3 EL frisch gehackte Petersilie

Vorbereitungszeit: 20 Minuten
Garzeit: 40 Minuten

❶ Den Backofen auf 200 °C vorheizen. An der Unterseite des Patissons eine Kappe abschneiden. Die Kerne und das faserige Fruchtfleisch entfernen. Die Höhlung salzen und pfeffern und etwas Öl hineinträufeln. Den Kürbis im Backofen 20 Minuten vorgaren.

❷ Inzwischen die Zwiebel im restlichen Öl angehen lassen, den Sellerie dazugeben und 5 Minuten dünsten. Knoblauch und Champignons hinzufügen und gut mischen. Mit Salz, Pfeffer und Macis würzen. Die Tomaten dazugeben und bei schwacher Hitze 10 Minuten köcheln lassen, bis die Flüssigkeit weitgehend verkocht ist. Abschmecken und die Petersilie einrühren.

❸ Das Gemüse in den vorgegarten Patisson löffeln und weitere 20 Minuten im Backofen garen, bis der Kürbis weich und die Schale teilweise gebräunt ist. Den hübschen Kürbis als Ganzes servieren und erst bei Tisch in Viertel teilen.

Kürbisrisotto mit Gorgonzola

Ein raffiniertes Risottogericht, für das man einen weich- oder festfleischigen Kürbis verwenden kann. Je nach Geschmacksintensität des Kürbis sollte man einen schärferen Blauschimmelkäse wählen – zum Beispiel einen Roquefort oder einen milden Dolcelatte.

Für 4 Portionen

- 1 kleine Dose Safranfäden
- 1,2 l Gemüsebrühe
- 2 EL Olivenöl
- 1 TL Butter
- 1 Zwiebel, fein gehackt
- 250 g Kürbisfleisch, gewürfelt
- 2 Knoblauchzehen, zerdrückt
- 300 g Risottoreis
- 12 frische Salbeiblätter
- 150 g Gorgonzola, klein gewürfelt
- 100 g Pekannüsse, gehackt
- Salz und frisch gemahlener Pfeffer
- Rucolablätter zum Garnieren

Vorbereitungszeit: 15 Minuten
Garzeit: 30–40 Minuten

❶ Die Safranfäden in etwas heißer Gemüsebrühe bis zum Gebrauch einweichen. Olivenöl und Butter zusammen in einem Topf erhitzen. Die Zwiebel darin andünsten, ohne sie zu bräunen.

❷ Den Kürbis dazugeben und unter Rühren andünsten, bis er weich zu werden beginnt. Knoblauch und Reis zufügen und leicht angehen lassen.

❸ Ein Drittel der Brühe angießen, zum Kochen bringen und unter häufigem Umrühren köcheln lassen, bis die Flüssigkeit aufgesogen ist. Die Hälfte der verbliebenen Brühe angießen und wie beschrieben fortfahren. Zuletzt nur so viel Brühe dazugeben, bis der Reis bissfest ist. Anschließend Salbei, Käse und Nüsse einrühren.

❹ Wenn der Käse fast geschmolzen ist, den Risotto mit Salz und Pfeffer abschmecken und mit Rucolablättern garniert sofort servieren.

Tipp

Statt der Pekannüsse kann man auch Walnüsse nehmen. Stets nur eine kleine Menge verwenden, da ihr Geschmack intensiver ist und anderenfalls der leicht bittere Nussgeschmack dominiert.

Kürbiscurry und Okraschoten

Gekochte Okraschoten werden ausgesprochen schleimig. Wer das nicht mag, kann sie in heißem Fett frittieren. Die Schoten dann jedoch nicht waschen und erst zum Schluss unter das Gemüse mischen.

Für 3–4 Portionen

Für die Currypaste

- 1 große Zwiebel, gehackt
- 2–3 Knoblauchzehen, gehackt
- 1 EL Currypulver
- 2 grüne Pfefferschoten, entkernt und gehackt
- 2 EL Zitronensaft
- 1 EL brauner Zucker
- 1 TL Salz
- 1 EL Tomatenmark

- 3 EL Erdnussöl
- 500 g festes Kürbisfleisch, gewürfelt
- 450 g Okraschoten, in 1 cm große Stücke geschnitten
- 250 ml Gemüsebrühe
- 400 g Kichererbsen (Dose), abgetropft
- 2–3 EL gehackter Cilantro
- Fladenbrot und Gurken-Radieschen-Raita (s. S. 34)

Vorbereitungszeit: 10 Minuten

Garzeit: 60 Minuten

❶ Die Zutaten für die Currymischung im Mixer zu einer glatten Paste pürieren, dabei eventuell etwas Öl oder Wasser dazugeben. Das Öl erhitzen, den Kürbis hinzufügen, unter Rühren 4–5 Minuten braten, dann die Okra dazugeben und weitere 2–3 Minuten sautieren.

❷ Die Currypaste dazugeben, durchrühren, zugedeckt 4–5 Minuten köcheln lassen, dann die Brühe angießen, zum Kochen bringen und den Curry etwa 40 Minuten bei schwacher Hitze simmern lassen, bis der Kürbis weich ist. Die Kichererbsen einrühren und erhitzen. Abschmecken, mit Cilantro bestreuen und zu Fladenbrot und Gurken-Radieschen-Raita servieren.

Rustikaler Kürbisauflauf

Ein einfacher, aber geschmacklich und inhaltlich sehr gehaltvoller, sättigender Gemüseauflauf, den man nach eigenen Ideen mit Gemüsen anreichern kann. Nach Möglichkeit sollte man verschiedene Kürbissorten verwenden. Die Kapern geben dem Gericht einen Hauch von Säure. Den Cheddar kann man nach Geschmack gegen Parmesan oder Blauschimmelkäse eintauschen.

Für 4–5 Portionen

- 1 kg Kartoffeln
- 1 kg gemischte Gemüse (Kürbis, Zucchini, Möhre, Petersilienwurzel, Zwiebel, Lauch)
- 3 EL Kapern
- Salz und frisch gemahlener Pfeffer
- 900 ml Milch
- 100 g Butter, zerlassen
- 4 EL Mehl
- 100 g Cheddar, gerieben

Vorbereitungszeit: 35 Minuten
Garzeit: 50 Minuten

❶ Den Backofen auf 190 °C vorheizen. Eine große Auflaufform mit Butter ausstreichen. Die ungeschälten Kartoffeln in reichlich Wasser etwa 10 Minuten vorkochen, abgießen und abkühlen lassen.

❷ Die anderen Gemüse je nach Art ebenfalls 5 bis 10 Minuten vorkochen. Abgießen, in mundgerechte Stücke schneiden und mit den Kapern vermischt in die Auflaufform geben.

❸ Die Kartoffeln schälen, in Scheiben schneiden und über den Gemüsen verteilen. Nach Geschmack salzen und pfeffern.

❹ Milch, Butter und Mehl in einem Topf glatt verrühren, unter ständigem Rühren auf schwacher Hitze zum Kochen kommen und 1 Minute durchkochen lassen. Den Käse einrühren und die Sauce über die Kartoffeln gießen.

❺ Den Auflauf 45–50 Minuten backen, bis die Gemüse gar sind und die Oberfläche gut gebräunt ist. Wer mag, kann einen bunten, frischen Salat dazureichen.

Kürbis mit Fenchel und Orange

Gibt man zur Kombination von Fenchel und Orange noch festfleischigen Kürbis dazu, bekommt man ein herzhaftes Gemüse, das gut zu braunem Naturreis passt.

Für 4 Portionen

- 500 g festes Kürbisfleisch, in 2,5 cm große Stücke geschnitten
- 4 EL Olivenöl
- 1 große Zwiebel, gehackt
- 4 Stängel Bleichsellerie, in Stücke geschnitten
- 1 große Fenchelknolle, in feine Ringe geschnitten
- 100 g Puylinsen
- 400 g stückige Dosentomaten
- 250 ml Gemüsebrühe
- Salz und frisch gemahlener Pfeffer
- 1 EL frisch gehackte Salbeiblätter
- abgeriebene Schale und kleingeschnittenes Fruchtfleisch von 2 unbehandelten Orangen
- 100 g Pekannüsse

Vorbereitungszeit: 15 Minuten
Garzeit: 60 Minuten

❶ Den Kürbis im Olivenöl 4–5 Minuten angehen lassen, bis er zu bräunen beginnt. Zwiebel, Sellerie und Fenchel hinzufügen und bei schwacher Hitze zugedeckt 3–4 Minuten dünsten.

❷ Die Puylinsen, die Tomaten und die Gemüsebrühe dazugeben, würzen, zum Kochen bringen und dann 30–40 Minuten köcheln lassen, bis die Linsen und der Kürbis gar sind.

❸ Salbei, Orangenschale und Fruchtfleisch sowie die Pekannüsse einrühren und weitere 2 Minuten erhitzen. Durchrühren, abschmecken und zu gekochtem Naturreis oder zu rotem Camarguereis servieren.

Tipp

Das Fenchelgrün von der Spitze der Knolle eignet sich wunderbar zur Garnierung dieses Gerichts.

Bulgur mit Kürbis und Softaprikosen

Der dem Couscous sehr ähnliche Bulgur ist ein Weizenschrot, das es in gut sortierten Supermärkten zu kaufen gibt. Mit den hier verwendeten Gemüsen geht Bulgur eine interessante Verbindung ein.

Für 4 Portionen
- 1 Zwiebel, in Ringe geschnitten
- 1 Stange Lauch, in Ringe geschnitten
- 2 EL Olivenöl
- 400 g Kürbisfleisch, gewürfelt
- 1 TL gemahlener Kreuzkümmel
- 1 TL Ingwerpulver
- 2 Knoblauchzehen, gehackt
- 4 Stängel Bleichsellerie, in Stücke geschnitten
- 1 rote Paprikaschote, entkernt, in Streifen geschnitten
- 250 g Bulgur
- 100 g Softaprikosen, klein gewürfelt
- 400 g stückige Dosentomaten
- 750 ml Gemüsebrühe
- Salz und frisch gemahlener Pfeffer
- 100 g Zuckerschoten
- 6 getrocknete Tomaten, fein geschnitten

Vorbereitungszeit: 15 Minuten
Garzeit: 30 Minuten

❶ Zwiebel und Lauch im Öl andünsten, dann den Kürbis dazugeben und 3 Minuten unter Wenden garen. Gewürze, Knoblauch und Sellerie hinzufügen, angehen lassen, dann Bulgur und Aprikosen hinzufügen.

❷ Die Tomaten einrühren, die Brühe angießen, salzen und pfeffern und unter gelegentlichem Rühren 12–15 Minuten simmern lassen. Die Zuckerschoten und die getrockneten Tomaten dazugeben, weitere 5 Minuten garen und den Gemüsebulgur sofort servieren. Nach Geschmack grünen Salat dazureichen.

Würziges Kürbissoufflé

Da Soufflés ihre Form nicht lange halten, sollten alle Gäste am Tisch versammelt sein, wenn es aus dem Backofen kommt.

Für 3 Portionen
- 25 g Butter
- 1 EL Mehl
- 1 TL gemahlener Kreuzkümmel
- 1 TL Ingwerpulver
- Salz und frisch gemahlener Pfeffer
- 150 ml Milch
- 250 g dickes Kürbispüree
- 1 TL Dijonsenf
- 3 große Eier, getrennt

Vorbereitungszeit: 15 Minuten
Garzeit: 40 Minuten

❶ Den Backofen auf 180 °C vorheizen. Eine 15 bis 18-cm-Souffléform leicht mit Butter ausstreichen.

❷ Die Butter in einem Topf zerlassen, das Mehl und die Gewürze dazugeben und 1 Minute unter Rühren anschwitzen. Vom Herd nehmen, langsam die Milch einrühren, dann unter Rühren zum Kochen bringen. 1 Minute kochen. Kürbispüree, Senf und Eigelbe unterrühren.

❸ Die Eiweiße zu steifem Schnee schlagen, unter die Kürbismasse heben, in die Souffléform füllen und 30–40 Minuten backen, bis das Soufflé aufgegangen und gar ist. Sofort servieren.

Desserts und Backwerk

Kürbis-Pfannkuchen-Turm

Da die Pfannkuchen sehr sättigend sind, kann man sie auch als süßes Hauptgericht für zwei Personen auftragen.

FÜR 4 PORTIONEN

- 250 g festfleischiger Kürbis, gekocht
- 100 g Mehl
- 2 große Eier
- 300 ml Milch
- 1 EL Pflanzenöl
- 1 Prise Salz
- frisch geriebene Muskatnuss
- Butterschmalz zum Braten

ZUM ANRICHTEN

- 500 g Apfelmus (Fertigprodukt)
- Ahornsirup

Vorbereitungszeit: 10 Minuten
Garzeit: 15 Minuten

❶ Den gekochten Kürbis in Stücke schneiden, im Mixer pürieren und dann mit den anderen Teigzutaten zu einem glatten, dicken Teig verrühren.

❷ Etwas Butterschmalz in einer beschichteten Pfanne erhitzen. Ein Viertel des Teigs hineingeben und einen dicken Pfannkuchen backen. Wenn die Unterseite gebräunt ist, wenden und auf der Gegenseite ebenfalls bräunen. So fortfahren, bis der Teig aufgebraucht ist.

❸ Den fertigen Pfannkuchen auf einen vorgewärmten Teller geben, mit Apfelmus bestreichen und mit Ahornsirup beträufeln. Die weiteren Pfannkuchen darüber schichten, im Backofen bis zum Servieren warm halten. Vor dem Servieren noch einmal Ahornsirup darüber gießen.

Kürbiseis mit Rum und Rosinen

Dieses leckere Eisrezept ist eine wunderbare Möglichkeit, um das leicht zerfallende, im Geschmack wenig auftragende Fruchtfleisch aus einem großen Laternenkürbis zu verbrauchen.

FÜR 6–8 PORTIONEN

- 75 g kernlose Rosinen
- 50 ml brauner Rum
- 4 große Eigelb
- 1 TL Macis (Muskatblüte)
- 90 g Zucker
- 300 ml Milch
- 200 g Kürbispüree
- 300 ml süße Sahne

Vorbereitungszeit: 2½ Stunden
Gefrierzeit: 4–5 Stunden

❶ Die Rosinen mit dem Rum übergießen und bis zum Gebrauch beiseite stellen. Die Eigelbe mit Macis und Zucker in einem Schlagkessel mit den Quirlen des Handrührgeräts cremig aufschlagen. Die Milch erhitzen. Wenn sie fast kocht, unter Rühren zur Eimischung geben. Den Schlagkessel auf Wasserdampf setzen und die Creme aufschlagen, bis sie andickt.

❷ Die Eicreme abkühlen lassen. Wenn sie kalt ist, 1 Stunde in das Gefriergerät stellen. Dann das Kürbispüree, die Rosinen mit dem Rum und die leicht geschlagene Sahne unterrühren, die Masse in einen entsprechenden Behälter füllen und 4–5 Stunden gefrieren. Zwischendurch mehrmals durchrühren, damit sich keine Eiskristalle bilden. Alternativ die Masse in eine Eismaschine geben.

TIPP

Für Kinder kann man statt Rum weiche Sultaninen verwenden.

Grüner Fruchtsalat

Ein erfrischender Fruchtsalat, für dessen sorgfältige Zubereitung man sich etwas Zeit nehmen sollte. Wer die Geduld dazu hat, kann sogar die Trauben häuten.

FÜR 6 PORTIONEN

- 1 kleine, reife Zuckermelone
- 1 kleine, reife Honigmelone
- 4 reife Kiwis, geschält
- kernlose grüne Trauben, Menge nach Wahl
- 1–2 EL in Streifen geschnittene frische Minze
- Melonenlikör (nach Geschmack)
- Puderzucker (nach Geschmack)

Zubereitungszeit: 40 Minuten
Kühlzeit: 30 Minuten

❶ Die Melonen über eine große Schüssel halten und Bällchen aus dem Fruchtfleisch ausstechen. Den Saft dabei in die Schüssel laufen lassen. Die Kiwis vierteln und in Scheiben schneiden. Die Trauben, falls sie Kerne enthalten, halbieren und entkernen, eventuell sogar häuten.

❷ Die Minze, Melonenlikör und Zucker über die Früchte geben, vorsichtig mischen und vor dem Servieren etwa 30 Minuten im Kühlschrank ziehen lassen. Nochmals gut mischen, auf Portionsschalen verteilen und servieren.

TIPP

Statt der Minze kann man auch Zitronenmelisse verwenden.

Melonensorbet

Man kann jede Art von Melone verwenden, auch eine Wassermelone. Die Früchte sollten jedoch stets sorgfältig entkernt werden.

FÜR 6 PORTIONEN

- 350 ml Milch
- 75 g Zucker
- 300 g Melonenpüree
- 1 EL Zitronensaft
- 1 EL frisch gehackte Minze

Zubereitungszeit: 60 Minuten
Gefrierzeit: 4–5 Stunden

❶ Die Milch mit dem Zucker erwärmen, bis sich der Zucker aufgelöst hat. Dann die Milch zum Kochen bringen und 15 Minuten kochen, bis ein Sirup entstanden ist. In eine Schüssel umgießen und völlig auskühlen lassen.

❷ Das Melonenpüree mit dem Milchsirup, dem Zitronensaft und der Minze gut verrühren. Die Masse in einen geeigneten Behälter füllen und 4–5 Stunden in das Gefriergerät stellen. Zwischendurch immer wieder durchrühren, damit sich keine Eiskristalle bilden. Alternativ die Masse in eine Eismaschine geben.

TIPP

Um beste Ergebnisse zu erzielen, sollte die Melone vollreif sein und doch festes Fruchtfleisch haben.

Grüner Fruchtsalat

Kürbis-Dattel-Kuchen

Unter den Kuchenteig gemischtes Kürbispüree verleiht dem Kuchen Saftigkeit. Dieser Kuchen wird mit einem Klacks Sahne oder Crème fraîche als Dessert serviert.

FÜR 8 STÜCKE

- 100 g Mehl
- 1½ TL Backpulver
- 2 TL Pimentpulver
- 75 g Datteln, gehackt
- 50 g Pekannüsse, gehackt
- 1 EL Mehl
- 50 g Butter
- 175 g brauner Zucker
- 200 g Kürbispüree
- 2 große Eier, geschlagen
- geschlagene Sahne und Schokostreusel zum Garnieren

Vorbereitungszeit: 15 Minuten
Garzeit: 30 Minuten

❶ Den Backofen auf 180 °C vorheizen. Eine 23-cm-Springform mit Backpapier auslegen.

❷ Mehl, Backpulver und Piment zusammen in eine Schüssel sieben. Datteln und Pekannüsse in dem Esslöffel Mehl wenden, bis sie gut überzogen sind.

❸ Die Butter in einem Topf zerlassen, den Zucker dazugeben und darin auflösen, das Kürbispüree hineinrühren. In eine Schüssel umfüllen, die Eier und in kleinen Portionen die Mehlmischung einrühren. Datteln und Nüsse dazugeben, den Teig in die Form füllen und sofort in den Backofen stellen.

❹ Den Kuchen etwa 30 Minuten backen oder so lange, bis ein in die Mitte hineingestochener Holzspieß sauber wieder herauskommt. Klebt noch Teig daran, die Backzeit um ein paar Minuten verlängern.

❺ Den ausgekühlten Kuchen nach Geschmack mit Sahne und Schokostreuseln garnieren.

Kürbistarte mit Backpflaumen

Ich serviere die feine Tarte lauwarm mit Vanillesauce als Dessert. Auch unter die Vanillesauce – eine Fertigsauce zum Anrühren mit Milch – mische ich ein oder zwei Esslöffel Kürbispüree.

Für 6–8 Stücke

Für den Pieteig
- 175 g Mehl
- 1 TL Zucker
- 80 g Butter
- Eiswasser zur Bindung

Für die Füllung
- 200 g Kürbispüree
- 100 g Softpflaumen, kleingeschnitten
- 50 g geröstete Haselnüsse, gehackt
- 2 große Eier, geschlagen
- frisch geriebene Muskatnuss
- 3 EL brauner Zucker
- 250 ml Milch

Vorbereitungszeit: 60 Minuten
Garzeit: 45 Minuten

❶ Für den Pieteig Mehl und Zucker in einer Schüssel mischen, die Butter in Flöckchen darauf verteilen. Mit den Fingerspitzen zu einem krümeligen Teig verkneten. Teelöffelweise so viel Eiswasser dazugeben, dass ein geschmeidiger Teig entsteht. Den Teig in eine 20-cm-Pieform drücken. Für 30 Minuten in den Kühlschrank stellen.

❷ Den Backofen auf 200 °C vorheizen. Die Hälfte des Kürbispürees auf dem Pieboden verstreichen. Pflaumen und Nüsse darüber verteilen. Das restliche Püree mit den übrigen Zutaten gründlich verrühren und auf den Pieteig gießen. Noch etwas geriebenen Muskat darüber stäuben.

❸ Den Pie in den Ofen geben und 15 Minuten backen, dann die Hitze auf 180 °C reduzieren. Anschließend weitere 25 Minuten backen, bis der Teigrand gebräunt und die Füllung gestockt ist.

❹ Die Tarte abkühlen lassen und lauwarm servieren. Nach Geschmack Vanillesauce dazureichen.

Süßes Kürbisbrot mit Feigen

Ein süßes, saftiges Brot, das man mit frischer Butter oder etwas Marmelade isst. Ich serviere es meist zum Frühstück oder zu einer Tasse Tee am Nachmittag. Da ich Trockenhefe verwende, braucht der Teig nur einmal zu gehen. Bei frischer Hefe muss man ihn zweimal gehen lassen.

Für 1 Laib

- 500 g Weizenmehl (Type 550)
- 2 EL Zucker
- 1 TL Salz
- 1 Päckchen Trockenhefe
- 150 g getrocknete Feigen, kleingeschnitten
- 200–250 g Kürbispüree
- 250 ml handwarmes Wasser
- 1 geschlagenes Ei zum Glasieren (nach Geschmack)

Vorbereitungszeit: 90 Minuten
Garzeit: 40 Minuten

❶ Mehl, Zucker, Salz, Trockenhefe sowie Feigen in einer Schüssel mischen. Eine Mulde in die Mischung drücken und das Kürbispüree und 200 ml Wasser hineingeben.

❷ Einen Teig kneten und dabei mehr Wasser dazugeben, falls erforderlich. Den Teig auf der bemehlten Arbeitsfläche etwa 5 Minuten gut durchkneten, bis er elastisch ist.

❸ Den Teig entweder zu einem runden Laib formen und auf ein Backblech setzen oder in eine Kastenform geben und an einem warmen, zugfreien Ort 1 Stunde gehen lassen.

❹ Den Backofen auf 220 °C vorheizen. Das aufgegangen Brot mit geschlagenem Ei bestreichen – die Oberfläche bekommt dann einen leichten Glanz – oder mit etwas Mehl bestäuben und 35–40 Minuten backen, bis die Oberfläche gut gebräunt ist. Auf einem Drahtrost auskühlen lassen und möglichst frisch verzehren.

Melonen-Orangen-Kompott zu Mandelkuchen

Dieses köstliche Dessert vereint Mandeln und Orangen mit köstlich duftenden, reifen Melonen.

Für 6–8 Portionen

Für den Mandelkuchen

- 3 große Eier, getrennt
- 100 g Zucker
- abgeriebene Schale und Saft von 1 unbehandelten Orange
- 50 g geröstete Mandeln, gehackt
- 100 g gemahlene Mandeln
- 75 g brauner Zucker
- einige Tropfen Bittermandelöl
- Mandelblättchen zur Dekoration

- Bällchen aus 1 reifen Honigmelone
- hauchfein geschnittene Orangenschale
- 2–3 TL kaltgepresstes Olivenöl

Vorbereitungszeit: 40 Minuten

Garzeit: 40 Minuten

❶ Den Backofen auf 180 °C vorheizen. Eine 20-cm-Springform mit Backpapier auslegen.

❷ Für den Kuchen die Eiweiße steif schlagen. Die Eigelbe mit Zucker und Orangenschale schaumig rühren, die Mandeln und das geschlagene Eiweiß unterheben. Die Masse in die Form füllen und den Kuchen etwa 40 Minuten backen.

❸ Ein Kuchengitter mit Backpapier belegen und den fertigen Kuchen vorsichtig darauf stürzen. Abkühlen lassen.

❹ Den Orangensaft mit dem braunen Zucker erhitzen und 4 Minuten einkochen lassen, bis ein leichter Sirup entsteht. Bittermandelöl (oder je nach Geschmack 1 Esslöffel Mandellikör) dazugeben.

❺ Den Kuchen auf eine Kuchenplatte setzen und mit dem Sirup beträufeln. 1 Stunde durchziehen lassen, dann mit Mandelblättchen dekorieren.

❻ Die Melonenbällchen mit Orangenschale und Olivenöl mischen und durchziehen lassen, zu dem Mandelkuchen servieren.

Kürbisbrot

Butternuss oder ein anderer festfleischiger Kürbis, wie beispielsweise Potimarron, ist ideal für dieses saftige Brot.

Für 2 Laibe

- 1 festfleischiger Kürbis (etwa 1 kg), geviertelt
- Salz und frisch gemahlener Pfeffer
- Olivenöl
- 25 g frische Hefe
- 300 ml lauwarmes Wasser
- 650 g Weizenmehl Type 550
- 1 TL Salz
- 1 EL Dijonsenf
- 3 EL Olivenöl

Vorbereitungszeit: 120 Minuten
Garzeit: 40 Minuten

❶ Den Backofen auf 220 °C vorheizen. Das faserige Innere und die Kerne aus dem Kürbis entfernen. Die Stücke in eine feuerfeste Form legen, mit Salz und Pfeffer würzen, mit Olivenöl beträufeln und 45 Minuten rösten, bis er weich ist. Abkühlen lassen, das Kürbisfleisch aus der Schale lösen und im Mixer pürieren.

❷ Die Hefe in eine kleine Schüssel bröckeln und mit etwas lauwarmem Wasser verrühren. 3 Minuten stehen lassen, bis sie sich aufgelöst hat. Inzwischen das Mehl in einer Schüssel mit Salz vermengen und den Senf in das Kürbispüree rühren. Eine Mulde in das Mehl drücken, den Kürbis, das Öl und die Hefe hineingeben und zu einem Teig verrühren. Dabei nach Bedarf Wasser dazugeben.

❸ Auf der Arbeitsfläche einen glatten elastischen Teig kneten. Die Schüssel mit etwas Mehl ausstäuben, den Teig hineinlegen und bedeckt 1 Stunde gehen lassen.

❹ Den Teig auf der bemehlten Arbeitsfläche erneut durchkneten. In zwei Teile teilen, zwei runde Laibe formen, auf leicht eingefettete Backbleche setzen und abermals 30–40 Minuten gehen lassen.

❺ Den Backofen erneut auf 220 °C vorheizen. Die Laibe mehrmals diagonal einritzen und 35–40 Minuten backen, bis sie goldbraun sind. Das Brot ist gar, wenn es hohl klingt, wenn man mit dem Fingerknöchel gegen die Unterseite klopft. Auskühlen lassen und frisch verzehren.

Tipp

Verwendet man Trockenhefe, so muss man den Teig nur einmal gehen lassen.

Kürbis-Apfel-Strudel mit Mandeln

Der Apfelstrudel war früher eine schwierige und aufwändige Sache, weil der Strudelteig hauchdünn ausgezogen werden musste, was viel Zeit und Kraft kostete. Heute kann man jedoch fertigen Strudelteig kaufen. Die Füllung des Teigs gewinnt, wenn man Äpfel und Kürbis mischt.

FÜR 6 STÜCKE

- 25 g Butter
- 250 g festfleischiger Kürbis, gewürfelt
- 1 TL Ingwerpulver
- ½ TL gemahlener Kardamom
- 2 EL brauner Zucker
- 200 g Frischkäse
- 1 großer mürber Apfel (z. B. Boskop), geschält, entkernt, in 1 cm große Würfel geschnitten
- abgeriebene Schale und Saft von 1 unbehandelten Zitrone
- 40 g geröstete Mandeln, gehackt
- Strudelteig (Fertigprodukt)
- 30–40 g Butter, zerlassen
- Paniermehl
- Puderzucker

Vorbereitungszeit: 20 Minuten
Garzeit: 25 Minuten

❶ Den Backofen auf 200 °C vorheizen. Die Butter in einer feuerfesten Form zerlassen. Den Kürbis hineingeben, Ingwer und Kardamom darüber streuen, durchmischen und 5 Minuten backen, bis der Kürbis weich zu werden beginnt. Aus dem Backofen nehmen, den Zucker dazugeben.

❷ Den Frischkäse, die Apfelwürfel, Zitronensaft und -schale sowie die Mandeln untermischen, anschließend beiseite stellen.

❸ Den Strudelteig auf ein Küchenhandtuch legen, mit flüssiger Butter bestreichen und das untere Viertel mit Paniermehl bestreuen. Die Füllung auf das Paniermehl geben und den Strudel mithilfe des Küchentuchs aufrollen. Die Rolle vorsichtig auf ein mit Butter ausgestrichenes Backblech heben.

❹ Die Oberfläche des Strudels mit zerlassener Butter bestreichen und etwa 25 Minuten bei 220 °C backen. Aus dem Backofen nehmen, etwas abkühlen lassen, mit Puderzucker bestäuben und lauwarm servieren. Nach Geschmack Vanillesauce oder Vanilleeis dazureichen.

Zucchini-Bananen-Kuchen

Dieser Kuchen erinnert an die Schweizer Rüeblitorte. Hier werden jedoch statt der Rüebli (der Möhren) geraffelte Zucchini verwendet; reife Bananen sorgen für die besondere Saftigkeit. Wer Süßes mag, kann den Kuchen mit einem dicken Zuckerguss überziehen.

FÜR 10–12 STÜCKE

- 250 g Mehl
- 2 TL Backpulver
- ½ TL Salz
- 250 g Zucker
- 50 g Pinienkerne
- 50 g Sultaninen
- 2 reife Bananen, zerdrückt
- 3 große Eier, geschlagen
- 175 g geraffelte Zucchini
- 150 ml Pflanzenöl

FÜR DEN ZUCKERGUSS

- 150 g Frischkäse
- 100 g weiche Butter
- ½ TL Vanilleessenz
- 250 g Puderzucker, gesiebt
- geraffelte Möhren und Zucchini als Garnierung

Vorbereitungszeit: 15 Minuten
Für den Guss: 45 Minuten
Garzeit: 60 Minuten

❶ Den Backofen auf 180 °C vorheizen. Eine 23-cm-Springform mit Backpapier auslegen oder gut ausfetten.

❷ Mehl, Backpulver, Salz, Zucker, Pinienkerne und Sultaninen mischen. In einer zweiten Schüssel die Bananen mit den Eiern mit dem Handrührer verquirlen. Abwechselnd von der Mehlmischung, den Zucchini und dem Pflanzenöl dazugeben, bis alle Zutaten restlos aufgebraucht sind und ein gut gemischter Teig entstanden ist.

❸ Den Teig in die Form füllen und etwa 1 Stunde backen, bis der Kuchen gar ist. Aus dem Backofen nehmen, kurz ruhen lassen, dann aus der Form lösen und abkühlen lassen.

❹ Für den Guss Frischkäse, Butter und Vanilleessenz miteinander schaumig rühren, dann löffelweise den Zucker einarbeiten.

❺ Für 30 Minuten in den Kühlschrank stellen, dann auf der Oberfläche des Kuchens verstreichen. Nach Geschmack mit geraffelten Möhren und Zucchini garnieren.

Kürbis-Zitronen-Roulade

Eine raffinierte Variante der klassischen Zitronenrolle und ein wunderbares Dessert für den Herbst, wenn die großen Kürbisse im Marktangebot sind. Das benötigte Püree sollte man aus dem Fleisch der weichfleischigen milden Kürbisse wie Gelber Zentner oder Laternenkürbis gewinnen. Zur problemlosen Herstellung der Biskuitrolle sollte man zwei große, leicht angefeuchtete Küchenhandtücher bereithalten.

Für 8 Stücke

Für den Biskuitteig

- 6 Eigelb
- 80 g Zucker
- 1 Prise Salz
- abgeriebene Schale von 1 unbehandelten Zitrone
- 3 Eiweiß
- 20 g Speisestärke
- 60 g Mehl

Für die Füllung

- 200 g süße Sahne
- 3 EL Puderzucker
- 200 g Kürbispüree
- 50 g Rosinen
- Zucker zum Bestreuen
- Saft von 1 Zitrone

Vorbereitungszeit: 15 Minuten
Garzeit: 10 Minuten

❶ Den Backofen auf 220 °C vorheizen. Ein Backblech mit Backpapier auslegen. Die Eigelbe mit einem Drittel des Zuckers, Salz und Zitronenschale schaumig rühren. Die Eiweiße zu steifem Schnee schlagen, dabei den restlichen Zucker einrieseln lassen. Den Eigelbschaum unter das Eiweiß rühren. Das mit der Speisestärke gesiebte Mehl darunter heben.

❷ Die Biskuitmasse auf dem Backblech gleichmäßig verstreichen. 8–10 Minuten backen. Die fertige Biskuitplatte auf ein angefeuchtetes Geschirrtuch stürzen. Auch über das Backpapier ein leicht feuchtes Tuch legen. Den Biskuit abkühlen lassen.

❸ Für die Füllung die Sahne schlagen. Wenn sie fast steif ist, den Puderzucker einrieseln lassen. Das Kürbispüree und die Rosinen unterheben.

❹ Das Tuch und das Backpapier von dem Biskuit abziehen. Die Kürbissahne auf dem Biskuit verstreichen und mithilfe des darunter liegenden Tuchs zur Roulade aufrollen und auf eine Kuchenplatte legen.

❺ Die Roulade mehrmals mit einem Schaschlikspieß tief einstechen, den Zitronensaft darüber gießen und sofort mit Zucker bestreuen. 20 Minuten ruhen lassen und dann servieren. Nach Geschmack zusätzlich Schlagsahne dazureichen.

Tipp

Wer die Kürbis-Zitronen-Roulade nicht sofort verzehren will, sollte die Kürbissahne mit 1–2 Blatt Gelatine festigen.

Kürbismuffins mit Pekannüssen

Ich mische gerne Maismehl unter den Teig von Muffins, weil es ihnen eine interessante leichte Körnigkeit verleiht. Statt Maismehl kann man auch feine Polenta (Maisgrieß) nehmen.

FÜR 12 MUFFINS

- 15 g Butter
- 150 g Weizenmehl (Type 550)
- 75 g Maismehl oder feine Polenta
- 1 TL Ingwerpulver
- 1 TL Backpulver
- 50 g Pekannüsse, gehackt
- 175 g Kürbispüree
- 1 großes Ei, geschlagen
- 175 ml Buttermilch
- Hagelzucker zur Dekoration

Vorbereitungszeit: 20 Minuten

Garzeit: 30 Minuten

❶ Den Backofen auf 180 °C vorheizen. Die 12 Vertiefungen eines Muffinblechs mit Backförmchen aus Papier auslegen.

❷ Die Butter zerlassen. Die trockenen Teigzutaten in einer Schüssel mischen. In einer zweiten Schüssel Kürbispüree, Ei, Buttermilch und zerlassene Butter mischen. Diese Masse gründlich unter die Mehlmischung rühren.

❸ Den Teig gleichmäßig auf die 12 Förmchen verteilen. 25–30 Minuten backen, bis die Muffins gar und gebräunt sind. Sie sind gar, wenn ein hineingestochener Holzspieß sauber wieder herauskommt.

❹ Die noch heißen Muffins mit Hagelzucker bestreuen. Den Zucker leicht andrücken, die Muffins dann abkühlen lassen und lauwarm verzehren.

Kürbispie mit Rosinen

Durch die Verwendung von Vollkornmehl wird dieser leichte und fruchtige Pie besonders gesund. Man kann jedoch auch normales Mehl für den Pieteig verwenden.

Für 6–8 Stücke

- 650 g festes Kürbisfleisch
- 100 g brauner Zucker
- 20 g Butter
- 100 g Rosinen
- frisch geriebene Muskatnuss

Für den Pieteig

- 350 g Weizenvollkornmehl
- 1 Prise Salz
- 175 g Butter
- etwas warmes Wasser

Vorbereitungszeit: 40 Minuten
Garzeit: 40 Minuten

❶ Den Backofen auf 200 °C vorheizen. Eine tiefe 25-cm-Pieform leicht mit Butter ausstreichen.

❷ Das Kürbisfleisch in 2,5 cm große Stücke schneiden, dann in feine Scheiben schneiden. Die Scheiben mit dem Zucker in eine Pfanne schichten und mit Butterflöckchen belegen. Die Pfanne bedecken und den Kürbis bei schwacher Hitze 10–12 Minuten garen. Die Pfanne dabei gelegentlich schütteln, damit der Kürbis nicht anbrennt.

❸ Für den Teig Mehl und Salz mischen und mit der Butter zu Streuseln verkneten. Teelöffelweise Wasser dazugeben, bis ein knetbarer Teig entsteht. Den Teig auf bemehlter Arbeitsfläche durchkneten, dann in zwei Hälften teilen. Mit der einen ausgerollten Hälfte die Pieform auslegen.

❹ Die Rosinen und eine kräftige Menge Muskat unter den Kürbis mischen, ihn dann ohne den Saft auf dem Pieboden verteilen. Aus der zweiten Teighälfte einen Deckel ausrollen und über die Füllung legen. Den Teig rundum mit dem Teig des Bodens schließen, indem man die beiden Hälften zusammendrückt. In der Mitte ein Loch in den Teigdeckel stechen.

Tipp

Der mit Vollkornmehl zubereitete Teig lässt sich leichter kneten, wenn man lauwarmes Wasser zugibt.

Focaccia mit Kürbis, Sellerie und Käse

Die Focaccia ist eine Art gedeckte Pizza – ein Picknickbrot, das seinen Belag gleich eingebacken hat. Frisch aus dem Backofen – und nur leicht abgekühlt – schmeckt sie am besten.

Für 1 Focaccia

- 400 g Kürbis mit Schale, entkernt und in 2,5 cm dicke Scheiben geschnitten
- Salz und frisch gemahlener Pfeffer
- Olivenöl
- 4 Stängel Bleichsellerie
- 1 Knoblauchzehe, geviertelt
- 150 ml Wasser
- 500 g Weizenmehl (Type 550)
- ½ TL Salz
- 15 g frische Hefe

Vorbereitungszeit: 2½ Stunden
Garzeit: 40 Minuten

❶ Den Backofen auf 220 °C vorheizen. Die Kürbisscheiben in eine feuerfeste Form legen, mit Salz und Pfeffer würzen, mit Olivenöl beträufeln und 40 Minuten rösten. Den Kürbis abkühlen lassen, aus der Schale lösen und in Stücke schneiden.

❷ Während der Kürbis röstet, den Sellerie in kleine Stücke schneiden. Die Selleriestücke mit dem Knoblauch in einen Topf geben, das Wasser angießen und bedeckt 10 Minuten köcheln lassen. Abgießen, das Kochwasser auffangen und mit kaltem Wasser auf 350 ml ergänzen. Den Sellerie abkühlen lassen.

❸ Das Mehl in eine Schüssel sieben und mit dem Salz mischen. Die Hefe in das lauwarme Selleriewasser bröckeln, rühren, bis sie sich auflöst. Zu dem Mehl geben und einen knetbaren Teig herstellen. Den Teig auf einer bemehlten Arbeitsfläche etwa 10 Minuten lang gründlich durchkneten. In eine vorgewärmte Schüssel legen und bedeckt an einem warmen, zugfreien Ort 1 Stunde gehen lassen, bis sich sein Volumen verdoppelt hat.

❹ Den Kürbis mit dem Sellerie mischen, den Cheddar zugeben und alles mit Salz und Pfeffer würzen.

❺ Den Teig erneut durchkneten und teilen. Beide Teile zu Kreisen von etwa 23 cm ausrollen, die erste Teigplatte auf ein mit Öl ausgestrichenes Backblech legen. Die Kürbis-Sellerie-Füllung darauf verteilen, dabei einen Rand von 2 cm lassen. Den Rand mit Wasser anfeuchten, die zweite Platte als Deckel darüber legen, fest andrücken, dann mit einem Tuch bedeckt erneut 30–40 Minuten gehen lassen.

❻ Den Backofen erneut auf 220 °C erhitzen. Die Focaccia 40 Minuten backen, bis der Teigdeckel gut gebräunt ist. Vor dem Anschnitt auf einem Drahtrost mindestens 15 Minuten abkühlen lassen.

Register

Danksagung

Ich widme dieses Buch Mr. und Mrs. Upton aus Slindon in West Sussex, den extraordinären Pionieren unter den Kürbisbauern, die mir ihre Zeit, ihr Wissen und vor allem ihre Begeisterung mit so außerordentlicher Großzügigkeit zur Verfügung stellten. Der Herausgeber dankt Philip Wikins und Jon Boichier für die Fotos.

Bildnachweis

S. 6 Life File; S. 7, 8, 11, 12, 13, 49, 66, 74, 76, 120, 128 Japics Photographic.